44 kommunikative Spiele

Französische Aussprache in 10 Minuten

44 kommunikative Spiele

Französische Aussprache in 10 Minuten

par
Janine Bruchet Collins

Ernst Klett Sprachen
Stuttgart

1. Auflage   1 ⁹ ⁸ ⁷ | 2025 24 23 22

Alle Drucke dieser Auflage sind unverändert und können im Unterricht nebeneinander verwendet werden. Die letzte Zahl bezeichnet das Jahr des Druckes. Das Werk und seine Teile sind urheberrechtlich geschützt. Jede Nutzung in anderen als den gesetzlich zugelassenen Fällen bedarf der vorherigen schriftlichen Einwilligung des Verlags.

Die in diesem Werk angegeben Links wurden von der Redaktion sorgfältig geprüft, wohl wissend, dass sie sich ändern können. Die Redaktion erklärt hiermit ausdrücklich, dass zum Zeitpunkt der Linksetzung keine illegalen Inhalte auf den zu verlinkenden Seiten erkennbar waren. Auf die aktuelle und zukünftige Gestaltung, die Inhalte oder die Urheberschaft der verlinkten Seiten hat die Redaktion keinerlei Einfluss. Deshalb distanziert sie sich hiermit ausdrücklich von allen Inhalten aller verlinkten Seiten, die nach der Linksetzung verändert wurden. Diese Erklärung gilt für alle in diesem Werk aufgeführten Links.

© Ernst Klett Sprachen GmbH, Rotebühlstraße 77, 70178 Stuttgart 2014.
Alle Rechte vorbehalten.
Internetadresse: www.klett-sprachen.de

Autorin: Janine Bruchet Collins
Unter Mitarbeit von: Martina Angele
Sprecher: Olivier Thomazo
Tonstudio: www.jkstudio.de

Redaktion: Sylvie Cloeren
Layoutkonzeption: Marion Köster, Stuttgart
Gestaltung und Satz: bostext, Friolzheim
Umschlaggestaltung: Sandra Vrabec
Druck und Bindung: Digitaldruck Tebben GmbH, Biessenhofen
Printed in Germany

ISBN 978-3-12-525844-0

Inhaltsverzeichnis

Vorwort			8
Tableau de prononciation			9

I LES SONS 11

LES VOYELLES 11

1 Devinettes	A1, A2	■ Schulung der folgenden Laute und Grapheme: OU / U, O, È / É, EU / OI ■ Erkennen, differenzieren, Lautproduktion und Verschriftlichung dieser Laute und Grapheme	11
2 Le jeu des 7 familles des voyelles	A1, A2	■ Schulung der folgenden Laute und Grapheme: O, OU, U, É, È, A, I ■ Erkennen und Lautproduktion beim schriftlichen und mündlichen Sprachgebrauch ■ Mündliche Sprachübung, Gefallen am Hören der eigenen Stimme finden	14
3 Question de rythme !	A1, A2, B1	■ Stummes *e* und *à* am Wortende	17
4 Le loto	A1, A2	■ *le / les, de / des, oi / ui* ■ Maskuline und feminine Nationalitäten und Berufe ■ Schriftliche und mündliche Wort- und Lautschulung ■ Den Unterschied zwischen *le / les, de / des, oi / ui* bei maskulinen und femininen Nationalitäten und Berufen erkennen	18
5 Les mots mélangés	A1, A2	■ Die Lautschulung È (wie *est*) / É (wie *et*) ■ Schriftlicher und mündlicher Sprachgebrauch: Vergleich von Schriftlichkeit und Mündlichkeit / Aussprache (Grapheme und Phoneme) ■ Den Unterschied zwischen den Lauten È und É erkennen und üben	20
6 Le plus grand nombre de mots	A2, B1	■ Vergleich der folgenden Laute: offenes O wie *orange* und geschlossenes O wie *moto* ■ Geschlossenes EU wie *deux* und offenes EU wie *beurre* ■ È wie *être* und É wie *parler*	22

LES CONSONNES 24

7 L'intrus	A1, A2	■ Ausspracheschulung von C / Ç / S / X / G / J ■ Schriftliche und mündliche Sprachschulung: Die Lesekompetenz schulen	24
8 Le trio des S et Z	A1, A2	■ Ausspracheschulung von C und S und Z	26
9 Écoutez et dessinez !	A1, A2, B1	■ Ausspracheschulung von F, V P, B, K, G, C, S, Z, X ■ Differenzierung von V / F, P / B, K / G, S / Z ■ Schriftlicher und mündlicher Sprachgebrauch	28
10 Le loto des consonnes	A1, A2	■ Ausspracheschulung von F, V P, B, K, G, C, S, Z, X ■ Differenzierung von V / F, P / B, K / G, S / Z	30

Inhaltsverzeichnis

11	Le jeu des 7 familles des consonnes	A1, A2	▪ Ausspracheschulung von S, P, B, J, F, V, R ▪ Schriftlicher und mündlicher Sprachgebrauch: Schulung der Lesekompetenz	32
12	Jacques a dit : Levez tous la main !	A1, A2, B1	▪ Ausspracheschulung von *tous* und *plus*	35
13	Jeu de cartes : Pour qui ce cadeau ?	A1	▪ Stumme Schlusskonsonanten ▪ O, I, ER, ON, ETTE, IN ▪ Schriftlicher und mündlicher Sprachgebrauch: Kompetenz- und Motivationsschulung beim Hören der Laute und beim Reimen	36
14	Le trio des lettres finales muettes	A1, A2	▪ Die stummen Endkonsonanten	38
15	Le labyrinthe	A1, A2	▪ Stumme Endkonsonanten erkennen ▪ Ausspracheschulung der Wörter, die auf –ENT enden ▪ Zwischen der 3. P. Pl. im Präsens und anderen Wörtern unterscheiden können	40

LES NASALES   **44**

16	Le jeu de cartes des définitions	A1, A2	▪ Schulung der Nasale: AN, EN / IN, IM, AIN / UN / ON ▪ Unterscheiden, differenzieren, Lautproduktion	44
17	Comptines et nasales	A1, A2	▪ Kompetenz- und Ausspracheschulung der Nasale ▪ Sprachflüssigkeit	46
18	En France	A1, A2, B1	▪ Schulung der Nasale ▪ Thema: Die Geografie Frankreichs	48
19	Le jeu du bac à l'oral	A1, A2, B1	▪ Die Nasale	50
20	*Le Pélican* – Poème de Robert Desnos	A2, B1	▪ Nasale, Liaison ▪ Sprachflüssigkeit	52

DIVERS   **54**

21	Les cris et les bruits	A1, A2, B1	▪ Onomatopöie (Lautmalerei) ▪ Laute erkennen: U / OU / EU / UI / OUA / Ê / S / Z / IN / ON / AN / OIN ▪ Motivations- und Kompetenzschulung der Laute, Sprachflüssigkeit	54
22	Rébus	A1, A2, B1	▪ Lauterkennung	56
23	Questions pour un champion	A1, A2, B1	▪ Ausspracheschulung schwer auszusprechender Wörter	58
24	Les homonymes	A2, B1, B2	▪ Homonyme	60
25	Les virelangues	A1, A2, B1	▪ Artikulation, Sprachflüssigkeit	62
26	Atelier : virelangues !	A1, A2, B1	▪ Artikulation, Sprachflüssigkeit, Freude am Sprechen und der Lautschulung entwickeln	63

II LA PHRASE   **64**

LES LIAISONS   **64**

27	Le trio des liaisons	A1, A2, B1	▪ Liaison / keine Liaison ▪ *h* aspiré	64
28	L'écho	A1, A2, B1	▪ Schulung der Liaison ▪ Intonation bei Fragen und Ausrufen ▪ Schulung der Sprachflüssigkeit	67

29	Écoutez et dessinez : 5, 6, 8, 10, 20 ou tous !	A1, A2, B1	▪ Aussprache von: *cinq, six, huit, dix, vingt*, oder *tous* vor einem Wort ▪ Liaison	68
30	La dictée à deux	A1, A2	▪ Liaison ▪ Sprachflüssigkeit	70

L'INTONATION **72**

31	*Poème à mon frère blanc*	A1, A2, B1	▪ Intonationsschulung beim Aussagesatz (Hebung und Senkung) ▪ Sprachflüssigkeit: Schulung und Motivation der Lesekompetenz	72
32	*Chanson pour les enfants – L'hiver* de Jacques Prévert	A1, A2, B1	▪ Schulung der Satzintonation; rythmische Gruppenarbeiten, Punktuation ▪ Wiederholung: Liaison, stummes *e* ▪ Sprachflüssigkeit	74
33	Jeu de cartes : Erreur d'étiquettes !	A1, A2	▪ Intonationsschulung bei Frage und Antwort	76
34	L'écho	A1, A2	▪ Intonationsschulung bei Fragen und Antworten ▪ Kompetenzschulung bei der Sprachflüssigkeit ▪ Motivation beim Sprechen	78
35	Devinez à qui je pense !	A1, A2	▪ Schulung der Intonation in Fragen	79
36	Situations à mimer	A1, A2	▪ Kompetenzschulung der Intonation bei Fragen	80
37	Chez les Lambert	A1, A2, B1	▪ Kompetenzschulung bei Fragen, Antworten und Ausrufen ▪ Liaison ▪ Kompetenzschulung beim Sprechen: Sprechflüssigkeit und Intonation	82
38	*Le Secret* – poème d'Andrée Chedid	A1, A2, B1	▪ Kompetenzschulung bei Fragen, Antworten und Ausrufen ▪ Kompetenzschulung beim Sprechen: Sprachflüssigkeit und Intonation ▪ Freude und Motivation beim Vortragen	84

L'EXPRESSIVITÉ, LES SENTIMENTS **86**

39	Imaginez…	A1, A2	▪ Intonation, Ausruf ▪ Ausdrucksfähigkeit	86
40	La phrase préférée	A1	▪ Emotionen ausdrücken, Intonation	87
41	Zut alors !	A1, A2, B1	▪ Sich durch Intonation ausdrücken	88
42	Le ton et l'interprétation	A1, A2, B1	▪ Bewusstseinsschulung, dass durch Intonation ein und derselbe Satz verschiedene Bedeutungen haben kann	90
43	*Chanson de l'oiseleur* de Jacques Prévert	A2, B1	▪ Satzmelodie, Gruppenarbeiten mit Wörtern ▪ Gefühle durch Intonation ausdrücken ▪ Emotionen teilen	92
44	Circulez dans la classe : J'adoooore…et je détessssste…et toi ?	A1	▪ Vorlieben und Geschmäcker durch Intonation ausdrücken	94

Bildquellennachweis **95**

Vorwort

Dieses Buch ist eine Sammlung von interaktiven Spielen, die das Ziel haben, die französische Aussprache bei den Lernenden, die Artikulation der Laute sowie die Sprachflüssigkeit in Sätzen zu schulen.
Darüber hinaus stehen bestimmte pädagogische Interessen im Vordergrund: Die Spiele sind konzipiert, um **Blockaden und Hemmungen beim Sprechen** zu **überwinden**, um Gefallen am Hören der eigenen Stimme zu erlangen und v. a. um **Lust am Sprechen**, Spielen, Wiederholen und Singen auf Französisch zu bekommen.
Die **Vielzahl der Spiele** hat ein **leichtes Niveau** und richtet sich an Sprachanfänger, um sie für die französische Sprache zu sensibilisieren. Die Spiele können aber auch bei einem **fortgeschrittenen Niveau** angewandt werden, um Fehler zu verbessern, die Sprachflüssigkeit und Satzmelodie zu verbessern und zu üben.
Die Spiele dauern ca. **10 Minuten**. Länger dauernde Spiele können jederzeit unterbrochen werden, ohne das eigentliche Lernziel zu verlieren.

Diese Sammlung beinhaltet:
- **Wettspiele** wie Ratespiele, Trio, Logikspiele, Loto, Rebus. Ziel ist es, Laute zu erkennen und Wortartikulationen zu üben.
- **Gesellschaftsspiele** wie Kartenspiele mit dem Ziel, das Vertrauen und die Motivation der Spieler zu fördern.
- **Lieder und Gedichte** mit dem Ziel, die Sprachflüssigkeit und die Sprachmelodie im Satz zu verbessern und Gefühle auszudrücken.

Die Spiele sind in zwei Teile aufgeteilt:
- **Die Laute:** die Vokale, die Nasale, die Konsonanten
  Die vorgeschlagenen Übungen schulen das Hörverstehen der Laute (Erkennen und Differenzierung) sowie deren Reproduktion. Sie ebnen den Weg zwischen dem mündlichen und schriftlichen Sprachgebrauch und andersherum.
- **Der Satz:** die Liaison, die Intonation, die Ausdrucksfähigkeit
  Die Spiele, die die Satzmelodie üben, regen den Lernenden zur Reflektion und zum Üben des eigenen Sprachrhythmus und der Intonation nach. Während einige Spiele mehr ein systematisches Üben im Fokus haben, üben andere beim Lernenden, Gefühle und Emotionen auszudrücken und Freude dabei zu empfinden.

Einige Ratschläge für die Lernenden

- Vor Spielbeginn soll das zu behandelnde **phonetische Thema erklärt** werden, damit das Ziel des Spiels verstanden wird.
- Einige Spiele können durch **Austauschen der Wörter** durchgeführt werden.
- Um eine entspannte und vertrauensvolle Atmosphäre zu schaffen, kann vor Spielbeginn mit einer **Gesichts-, Stimm-** oder **Körpererwärmung** begonnen werden. Diese sehen wie folgt aus:
  - Grimassen schneiden: den Mund öffnen, die Zunge herausstrecken ...
  - Die Artikulation übertreiben: einen Zungenbrecher oder einen Refrain wiederholen, z. B.:
    Une poule sur un mur qui picotait du pain dur, picoti, picota, lève la patte et puis s'en va...
  - Gesten und Ausrufe machen:
    Oui (hocher de la tête)   *Non (dans l'autre sens)*
    Oh là là ! (en secouant la main)   *Tu vas voir ! (sur un ton menaçant et pointant l'index)*
    Moi, toi, vous (en montrant du doigt)   *Zut alors ! (en frappant avec le poing)*

Die Spielfreude und die Absicht gewinnen zu wollen lässt die Lernenden oft vergessen, dass das Hauptziel eines Spiels die Aussprache ist! Seien Sie aufmerksam, gehen Sie bei den Gruppenarbeiten umher, hören Sie den Spielern zu und korrigieren Sie, wenn notwendig, deren Fehler.

Tableau de prononciation

VOYELLES	MOT-CLÉ	AUTRES ÉCRITURES	
a	madame	à, gâteau, chat, (tu) as	a, à, â, at, as
e	le		e
é	café	et, parler, nez, musée	é, er, ez, et, ée
è	père	être, mais, connaître, adresse, est	è, ê, ai, aî, est, esse
eu *(fermé)*	peu	(il) pleut, deux, monsieur	eu, eut, eux, eur
eu *(ouvert)*	fleur	sœur, club	u, œu
i	il	dîner, stylo, maïs, amie, riz	i, y, ï, ie, iz, î
o *(fermé)*	vélo	allô, bateau, jaune	o, ô, eau, au
o *(ouvert)*	pomme	album	o, um
u	tu	salut, (il a) eu, bien sûr, rue	u, ut, eu, û, ue
ou	bonjour	où, août, roux, loup	ou, où, aoû, oux, oup
oi	moi	toit, bois	oi, oit, ois
ui	huit		ui
ie	quartier	travail, soleil, payer, bien, famille	ie, il, ye, ill

NASALES	MOT-CLÉ	AUTRES ÉCRITURES	
an	croissant	chambre, dans, prendre, continent, camembert	an, ans, am, en, ent, em
in	lapin	imparfait, sympa, pain, faim	in, im, ym, ain, aim
un	un	parfum	un, um
on	pardon	nom	on, om

CONSONNES	MOT-CLÉ	AUTRES ÉCRITURES	
b	boire	abbé	b, bb
c + a, o, u	cadeau	coq, culte, qualité, kilo	c + a, o, u, qu, k
c + e, i, y ç + a, o, u	citron	cerise, cycle, six, garçon, ça, reçu	c + e, i, y, s ç + a, o, u
d	dans		d
f	facile	photo	f, ph
g + a, o, u gu + e, i	gâteau	gomme, guitare, baguette	g + a, o, u gu + e, i
j g + e, i, y	joli	manger, girafe, gymnastique	j g + e, i, y
gn	ligne		gn
k	kilo	qualité, cadeau, coq, culte	k, qu, c + a, o, u

Tableau de prononciation

CONSONNES	MOT-CLÉ	AUTRES ÉCRITURES	
l	lire	elle	l, ll
m	maman		m
n	nous	anniversaire	n, nn
p	père	appartement	p, pp
qu	que	kilo	qu, k
r	répéter	arrêt	r, rr
s *(en début de mot)* ss *(dans un mot)*	salut citron dessin garçon	science cerise, cycle, ça adolescent, station reçu	s, sc c + e, i, y, ç + a ss, sc, ti ç + o, u
s *(entre 2 voyelles)*	rose	douze, deuxième	s, z, x
t	table	datte (fruit)	t, tt
v	vélo	wagon	v, w
ch	chat	short	ch, sh

1. Devinettes

Lernziele
- Schulung der folgenden Laute und Grapheme: OU / U, O, È / É, EU / OI
- Erkennen, differenzieren, Lautproduktion und Verschriftlichung dieser Laute und Grapheme

A1   A2

Material
KV 1 für jeden Spieler vorbereiten

Verlauf

a. Das Spiel ist in 4 Teile unterteilt, die unabhängig voneinander gespielt werden können. Es kann in PA oder GA gearbeitet werden. Wer zuerst die richtigen Antworten auf die Fragen findet, hat gewonnen. Die Antworten müssen auch richtig ausgesprochen werden.

b. *Pour aller plus loin :*
Die Spieler sollen mit den Wörtern aus jeder Gruppenarbeit kleine Texte verfassen.

c. *Pour le plaisir !*
Bei Zeitmangel können die Hörtexte nur angehört und wiederholt werden.

Consignes
Quel groupe trouvera, le plus vite, les réponses à ces 10 questions ?
Chaque réponse doit contenir les sons indiqués.
Pour gagner, il faut pouvoir lire les réponses correctement.

---

a. Solutions
  1 rouge / un jour / une jupe / la mousse au chocolat / une puce / douze / au supermarché / une flûte / Strasbourg / à la boulangerie
  2 un gâteau / une photo / jaune / un oiseau / une robe / un bateau / un piano / les chaussures / Bordeaux / un maillot de bain
  3 le café / janvier / au cinéma / une chaise / l'anglais / vous allez au parc / un zèbre / ton père / la fête nationale / musée
  4 deux / bleu / jeudi / bonsoir / trois / un poisson / jeu / heure / sœur / noir

c. Pour le plaisir !

  1. Un jour,
     à Strasbourg,
     j'ai joué de la flûte
     au marché aux puces.

  2. Dans le port de Bordeaux,
     j'ai mangé un gâteau,
     j'ai écouté un morceau de piano
     et j'ai regardé les bateaux.

  3. En été,
     vous allez au parc ou au café.
     En janvier,
     au cinéma ou au musée.

  4. Jeudi,
     de deux heures
     à trois heures,
     je vois ta sœur.

  5. Il fait noir ! Bonsoir !

Die Audios sind online: bitte den Zugangscode **ds9g3ea** in das Suchfeld auf *www.klett-sprachen.de* eingeben.

Devinettes

1.

De quel mot s'agit-il ?	Cherchez un mot avec les sons **OU / U**
Une couleur ?	_ O U _ _
24 heures ?	un _ O U _
Un vêtement pour les filles ?	une _ U _ _
Un dessert ?	la _ O U _ _ _ _ _ _ _ _
Un petit insecte qui pique ?	une _ U _ _
Un chiffre ?	_ O U _ _
On y fait les courses ?	au _ U _ _ _ _ _ _ _ _
Un instrument de musique ?	une _ _ Û _ _
Une grande ville d'Alsace ?	_ _ _ _ _ _ O U _ _
On y achète le pain ?	à la _ O U _ _ _ _ _ _ _

2.

De quel mot s'agit-il ?	Cherchez un mot avec le son **O**
C'est un dessert.	un _ _ _ E A U
Un souvenir sur papier …	une _ _ O _ O
C'est une couleur.	_ A U _ _
C'est un animal qui vole …	un _ _ _ E A U
Un vêtement pour les filles …	une _ O _ _
On traverse la mer dans …	un _ _ _ E A U
C'est un instrument de musique.	un _ _ _ _ O
On les met aux pieds.	les _ _ A U _ _ _ _ _ _
une ville, une région, un vin	_ _ _ _ E A U X
Un vêtement pour se baigner	un _ _ _ _ _ _ O T _ _ _ _ _ _

3.

De quel mot s'agit-il ?	Cherchez un mot avec les sons **É** (comme et) / **È** (comme est)
On le boit au petit-déjeuner.	le _ _ _ É
C'est le premier mois de l'année.	_ _ _ _ _ E R
On y va pour regarder un film.	au _ _ _ É _ _
On s'assoit dessus.	une _ _ A I _ _
En Angleterre, on parle…	l'_ _ _ _ A I S
Tu vas au parc. Au pluriel ça fait…	vous _ _ _ E Z au parc.
C'est un animal de la savane, noir et blanc.	un _ È _ _ _
Ton papa, c'est…	ton _ È _ _
En France, le 14 juillet, c'est	la _ Ê _ _ nationale
Le Louvre est un grand…	_ _ _ ÉE

4.

De quel mot s'agit-il ?	Cherchez un mot avec les sons **EU / OI**
Un chiffre ?	_ E U _
Une couleur ?	_ _ E U
Un jour de la semaine ?	_ E U _ _
À 20 heures, on ne dit pas bonjour mais…	_ _ _ _ O I _
Un chiffre ?	_ _ O I _
Un animal qui vit dans l'eau ?	un _ O I _ _ _ _
Jouer c'est faire un…	_ E U
Il y a 60 minutes dans une…	_ E U _ _
Il a un frère ? Non, une…	_ ŒU _
Une couleur ?	_ O I _

I Les sons – Les voyelles

2. Le jeu des 7 familles des voyelles

Lernziele
- Schulung der folgenden Laute und Grapheme: O, OU, U, É, È, A, I
- Erkennen und Lautproduktion beim schriftlichen und mündlichen Sprachgebrauch
- Mündliche Sprachübung, Gefallen am Hören der eigenen Stimme finden

Material
KV 2
Es wird mit 28 Karten gespielt, wovon 7 Spielfamilien jeweils 4 Karten erhalten. Für jede Gruppenarbeit (max. 4) wird eine Kopie der KV 2 mit jeweils 28 Karten zum Ausschneiden angefertigt.

Verlauf
Als Spiel mit 7 Spielfamilien oder als Quartett.
In diesem Spiel gibt es die folgenden 7 Spielfamilien: O, OU, U, É, È, A, und I.
Falls notwendig werden die Spielregeln erklärt und ein Modelldialog vorgeführt:

> *Exemple :* – *Dans la famille O, est-ce que tu as l'oiseau ?*
> – *Oui, voilà l'oiseau. / Non.*

Die Spieler korrigieren sich gegenseitig. Ist die Aussprache nicht korrekt, erhält der betreffende Spieler die erfragte Karte nicht. Dann ist der 2. Spieler dran.

Consignes

Il s'agit du jeu des 7 familles.
Il y a 7 familles : la famille O, la famille OU, la famille U, la famille É, la famille È, la famille A et la famille I.

Chacun à son tour demande une carte à un autre joueur.

> *Exemple :* – *Dans la famille O, est-ce que tu as l'oiseau ?*
> – *Oui, voilà l'oiseau. / Non.*

Si sa prononciation n'est pas correcte, le joueur ne reçoit pas la carte qu'il demande.
C'est au tour du 2ème joueur de jouer.
Les joueurs se corrigent entre eux.
Quand un joueur a une famille complète, il place ses cartes devant lui.
Le joueur qui a le plus grand nombre de familles a gagné.

Die Audios sind online: bitte den Zugangscode **ds9g3ea** in das Suchfeld auf *www.klett-sprachen.de* eingeben.

Famille O :	l'ois**eau**, j**au**ne, le P**o**rtugal, all**ô**
Famille OU :	le l**ou**p, **où**, le Camer**ou**n, **août**
Famille U :	la r**ue**, sal**ut**, la R**u**ssie, bien s**û**r
Famille É :	parl**er**, le n**ez**, l'Alg**é**rie, le mus**ée**
Famille È :	la p**ê**che, la fr**ai**se, la Su**è**de, l'adr**esse**
Famille A :	le ch**at**, le g**â**teau, le M**a**roc, **à** bientôt
Famille I :	une am**ie**, le r**iz**, l'**É**gypte, le ma**ïs**

Le jeu des 7 familles des voyelles

Famille O	**Famille O**	**Famille O**	**Famille O**
L'OISEAU	JAUNE	LE PORTUGAL	ALLÔ
(jaune / le Portugal / allô)	(l'oiseau / allô / le Portugal)	(l'oiseau / jaune / allô)	(l'oiseau / jaune / le Portugal)
Famille OU	**Famille OU**	**Famille OU**	**Famille OU**
LE LOUP	OÙ	LE CAMEROUN	AOÛT
(où / août / le Cameroun)	(un loup / août / le Cameroun)	(le loup / où / août)	(où / le loup / le Cameroun)
Famille U	**Famille U**	**Famille U**	**Famille U**
LA RUE	SALUT	LA RUSSIE	BIEN SÛR
(salut / la Russie / bien sûr)	(la rue / la Russie / bien sûr)	(la rue / salut / bien sûr)	(la rue / salut / la Russie)
Famille É	**Famille É**	**Famille É**	**Famille É**
PARLER	LE NEZ	L'ALGÉRIE	LE MUSÉE
(le nez / l'Algérie / le musée)	(parler / l'Algérie / le musée)	(parler / le nez / le musée)	(parler / le nez / l'Algérie)

Famille È	Famille È	Famille È	Famille È
LA PÊCHE	LA FRAISE	LA SUÈDE	L'ADRESSE
(la fraise / la Suède / l'adresse	(la pêche / la Suède / l'adresse)	(la pêche / la fraise / l'adresse)	(la pêche / la fraise / la Suède)

Famille A	Famille A	Famille A	Famille A
LE CHAT	LE GÂTEAU	LE MAROC	À BIENTÔT
(le gâteau / le Maroc / à bientôt)	(le chat / le Maroc / à bientôt)	(le chat / le gâteau / à bientôt)	(le chat / le gâteau / le Maroc)

Famille I	Famille I	Famille I	Famille I
UNE AMIE	LE RIZ	L'ÉGYPTE	LE MAÏS
(le riz / l'Égypte / le maïs)	(une amie / l'Égypte / le maïs)	(une amie / le riz / le maïs)	(une amie / le riz / l'Égypte)

I Les sons – Les voyelles

3. Question de rythme !

Lernziele
- Stummes *e* und *à* am Wortende

A1 A2 B1

Material
–

Verlauf
Ziel dieses Spiels ist es, die richtige Betonung von Wörtern zu finden. Es wird daran erinnert, dass immer die letzte Silbe eines einsilbigen Wortes betont wird und das letzte *e* stumm ist. Es werden zusammen Beispiele von Wörtern gesucht, die eine betonte Silbe haben. Bei der betonten Silbe wird geklopft.
   Beispiele: *oui, non, père, chaise*

Dann wird eine Liste mit zweisilbig-betonten Wörtern erstellt, anschließend mit dreisilbig-betonten Wörtern und mehr. Es wird immer bei der letzten betonten Silbe geklopft.
   Beispiele: *maison, touriste*

Nun wird das Spiel gespielt.

Consignes

Cherchez des mots d'une syllabe prononcée.
   Exemples :   oui, non, père, chaise.
Maintenant, frappez dans les mains sur la syllabe prononcée de ces mots.

a. *À tour de rôle, chacun dit un mot, d'abord d'une syllabe prononcée, et frappe dans ses mains sur la syllabe prononcée.*
   Exemples :   oui
                table (le e final ne se prononce pas : on entend qu'une syllabe)

Continuez avec des mots avec 2 syllabes prononcées. On frappe sur la dernière syllabe.
   Exemples :   maison
                touriste (le e final ne se prononce pas : on entend deux syllabes)

Continuez avec des mots avec 3 syllabes prononcées. On frappe sur la dernière syllabe.
   Exemples :   cinéma
                devinette

Aufnahmen

Mots d'une syllabe prononcée		Mots de 2 syllabes prononcées		Mots de 3 syllabes prononcées	
oui	chat	maison	touriste	cinéma	devinette
non	fille	voisin	vacances	animal	exercice
bien	mère	cadeau	française	professeur	guitariste
nous	place	crayon	machine	vendredi	porte-monnaie
chaud	table	parler	baguette	pantalon	rez-de-chaussée
noir	dame			domino	dictionnaire
				habitant	magnifique
				chocolat	exercice

Die Audios sind online: bitte den Zugangscode **ds9g3ea** in das Suchfeld auf *www.klett-sprachen.de* eingeben.

I Les sons – Les voyelles

4. Le loto

Lernziele
- le/les, de/des, oi/ui
- Maskuline und feminine Nationalitäten und Berufe
- Schriftliche und mündliche Wort- und Lautschulung
- Den Unterschied zwischen le/les, de/des, oi/ui bei maskulinen und femininen Nationalitäten und Berufen erkennen

Material
KV 3 als OHP-Folie vorbereiten.

Variante
Alle Wörter an die Tafel schreiben.

Verlauf
1. Vor Beginn des Spiels werden die Spielregeln erklärt. Ziel dieses Spiels ist es, 2 Laute der ausgewählten Liste differenzieren zu können. Es werden Beispiele gegeben, dann wird das Hördokument vorgespielt.
2. Eine der Listen der KV3 wird mit dem OHP projiziert. Die Spieler wählen 7 Wörter aus und schreiben diese auf ein Stück Papier. Es wird ihnen erklärt, dass Sie Wörter der Liste vorlesen werden. Ist eines dieser Wörter auf ihrer Liste, wird dieses durchgestrichen. Wer zuerst 7 Wörter durchgestrichen hat, ruft *"Gagné !"* (Gewonnen!)

Bemerkung
Auf der Liste 3 befinden sich Wörter ohne Artikel. Die Schüler fügen den von der Lehrperson ausgewählten Artikel hinzu und nehmen ggf. die grammatikalische Angleichung *(accord)* vor.

Consignes
Choisissez 7 mots de cette liste et écrivez-les sur une feuille de papier.
Ensuite, vous allez entendre des mots.
Si un de ces mots est sur votre liste, barrez-le.
Celui qui a barré ses 7 mots crie « Gagné ! »

Die Audios sind online: bitte den Zugangscode **ds9g3ea** in das Suchfeld auf *www.klett-sprachen.de* eingeben.

> **1. Liste de mots avec oi/ui**
> une boîte / une poire / des fruits / des devoirs / un oiseau / une histoire / huit / noir / la nuit / ensuite / du bruit / moi / toi / une fois / il boit

> **2. Liste de mots avec le masculin / le féminin des nationalités et des professions**
> les Polonaises / les Polonais / des Chinois / les vendeurs / les vendeuses / les Marocaines / des étudiantes / des étudiants / des Marocaines / des informaticiens / des informaticiennes / un avocat / des Américains / les Américaines / une avocate

> **3. Liste de mots avec le / les / de / des**
> le professeur / les devoirs / des jours / le magasin / les vacances / des livres / le voisin / le métro / les pralines / des chiens / les souvenirs / des filles / le touriste / des voisins / les trains

Le loto

1. Liste de mots avec *oi / ui*

une boîte   des fruits   des devoirs   un oiseau
une poire   la nuit
huit   ensuite   du bruit
une histoire   une fois
noir
moi   toi   il boit

2. Liste de mots avec le masculin / le féminin des nationalités et des professions

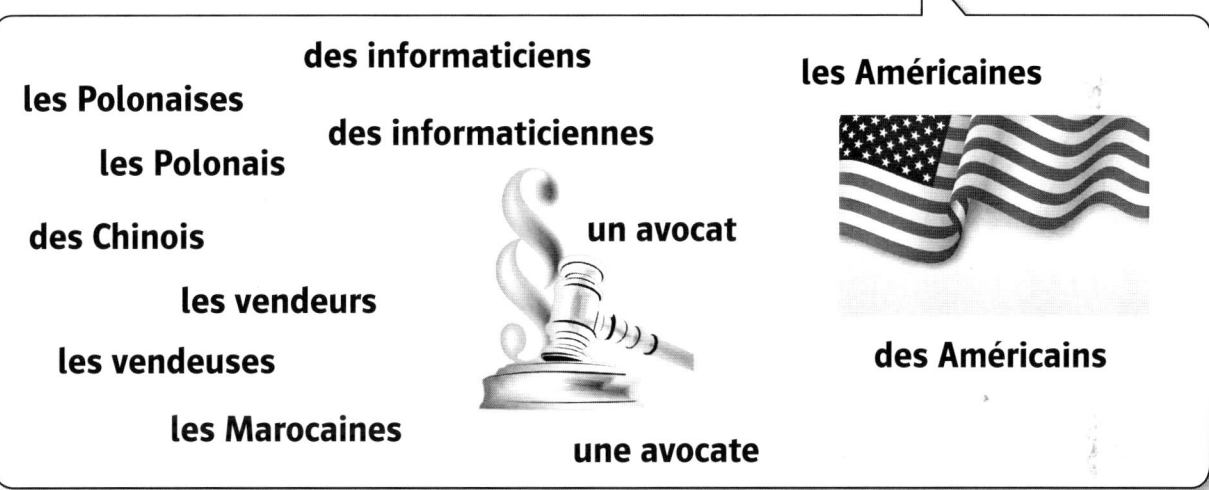

les Polonaises   des informaticiens   les Américaines
les Polonais   des informaticiennes
des Chinois   un avocat
les vendeurs
les vendeuses   des Américains
les Marocaines   une avocate

3. Liste de mots avec *le / les / de / des*
   Quand vous entendez un mot de votre liste, ajoutez l'article que vous entendez : le / les / des et faites l'accord grammatical si nécessaire.

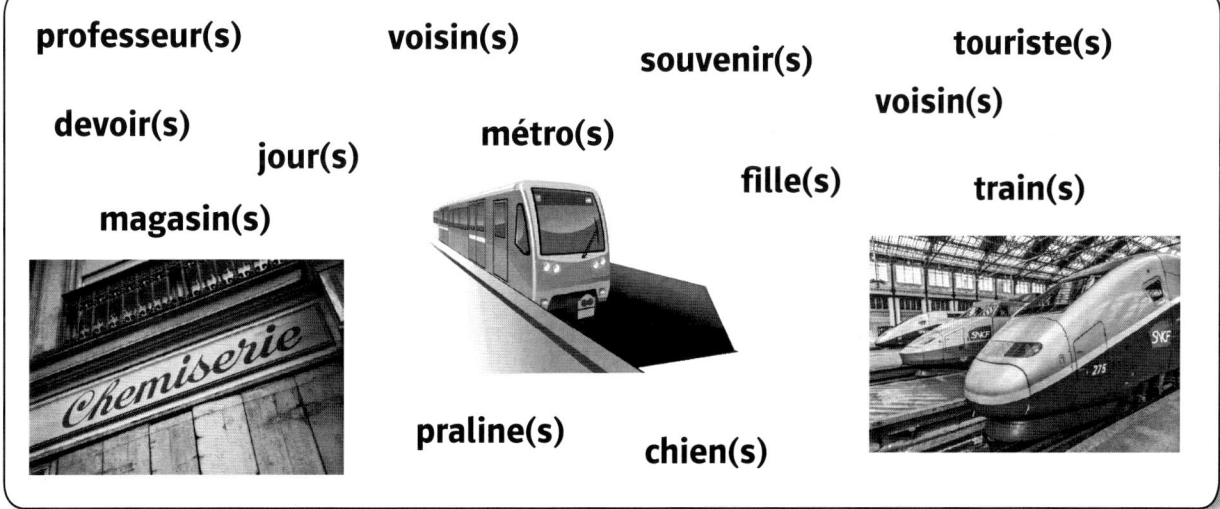

professeur(s)   voisin(s)   souvenir(s)   touriste(s)
devoir(s)   métro(s)   voisin(s)
jour(s)   fille(s)   train(s)
magasin(s)
praline(s)   chien(s)

I Les sons – Les voyelles

5. Les mots mélangés

A1   A2

Lernziele
- Die Lautschulung È (wie *est*) / É (wie *et*)
- Schriftlicher und mündlicher Sprachgebrauch: Vergleich von Schriftlichkeit und Mündlichkeit / Aussprache (Grapheme und Phoneme)
- Den Unterschied zwischen den Lauten È und É erkennen und üben

Material
KV 4 für jeden Spieler vorbereiten

Verlauf
Den Spielern wird erklärt, dass die vorgeschlagenen Wörter È und É Laute enthalten und die Laute unterschiedlich geschrieben werden. Ziel des Spiels ist es, die Wörter in die richtige Buchstabenbox zu bringen. Vor Spielbeginn sollten zusammen einige Beispiele gesucht werden. Als Abschluss der Übung können die Wörter laut im Plenum vorgelesen werden.

Consignes
Placez ces mots ou groupes de mots dans la bonne boîte à lettres.
Qui terminera le premier ?

Die Audios sind online: bitte den Zugangscode **ds9g3ea** in das Suchfeld auf *www.klett-sprachen.de* eingeben.

È	É
une tête	génial !
c'est moi !	les filles
la maison	une école
un problème	des oranges
vous êtes fous !	danser
il sait lire	vous verrez
la mer	ses parents
la mère	une année
sept	écoutez-moi

Les mots mélangés

Placez ces mots et expressions dans la bonne boîte à lettres. Qui terminera le premier ?

- génial !
- une tête
- les filles
- une école
- c'est moi !
- la maison
- des oranges
- la mer
- danser
- une année
- vous verrez
- ses parents
- un problème
- sept
- vous êtes fous !
- il sait lire
- écoutez-moi
- la mère

Boîte à lettres È (comme *est*)

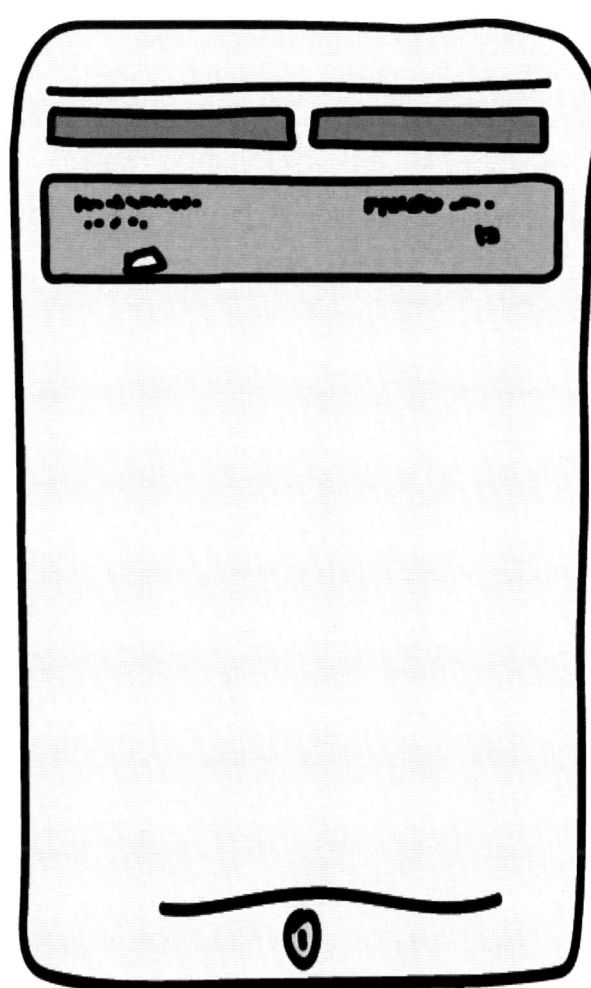

Boîte à lettres É (comme *et*)

6. Le plus grand nombre de mots

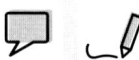

Lernziele
- Vergleich der folgenden Laute: offenes O wie *orange* und geschlossenes O wie *moto*
- Geschlossenes EU wie *deux* und offenes EU wie *beurre*
- È wie *être* und É wie *parler*

Verlauf
Bei diesem Spiel geht es darum, ähnliche Laute miteinander zu vergleichen. Die zu vergleichenden Laute werden an die Tafel geschrieben und in Kleingruppen werden Wörter mit diesen Lauten gesucht. Den Spielern kann ein Wörterbuch zur Verfügung gestellt werden.

Consignes
Quel groupe trouvera le plus grand nombre de mots dans les familles suivantes ?
Cherchez 7 mots minimum avec chaque son.
Écoutez ensuite les enregistrements et essayez de compléter les listes.

Aufnahmen

Die Audios sind online: bitte den Zugangscode **ds9g3ea** in das Suchfeld auf *www.klett-sprachen.de* eingeben.

O ouvert comme *orange*

une robe, une pomme, un document, un costume, une formule, formidable, la mode, dormir, le coton

O fermé comme *moto*

un oiseau, une auto, un autobus, la radio, un bateau, beau, chaud, l'eau, un vélo, une faute, aussi, trop

EU fermé comme *deux*

jeudi, un euro, l'Europe, bleu, un jeu, un cheveu, il pleut, un peu, je veux, il peut, un vœu, un neveu

EU ouvert comme *beurre*

un ordinateur, un professeur, un pasteur, un empereur, un meuble, un fleuve, neuf, une sœur, une heure, le cœur, la peur, pleurer

È comme *être*

être, il est, tu es, un problème, la maison, la bière, l'anglais, la mère, le père, un kilomètre

É comme *parler*

et, une équipe, gagner, génial, vous venez, une école, une année, janvier, l'été, le café, le thé

Le plus grand nombre de mots

Quel groupe trouvera le plus grand nombre de mots dans les familles suivantes ?
Cherchez 7 mots minimum avec chaque son.
Écoutez ensuite les enregistrements et essayez de compléter les listes.

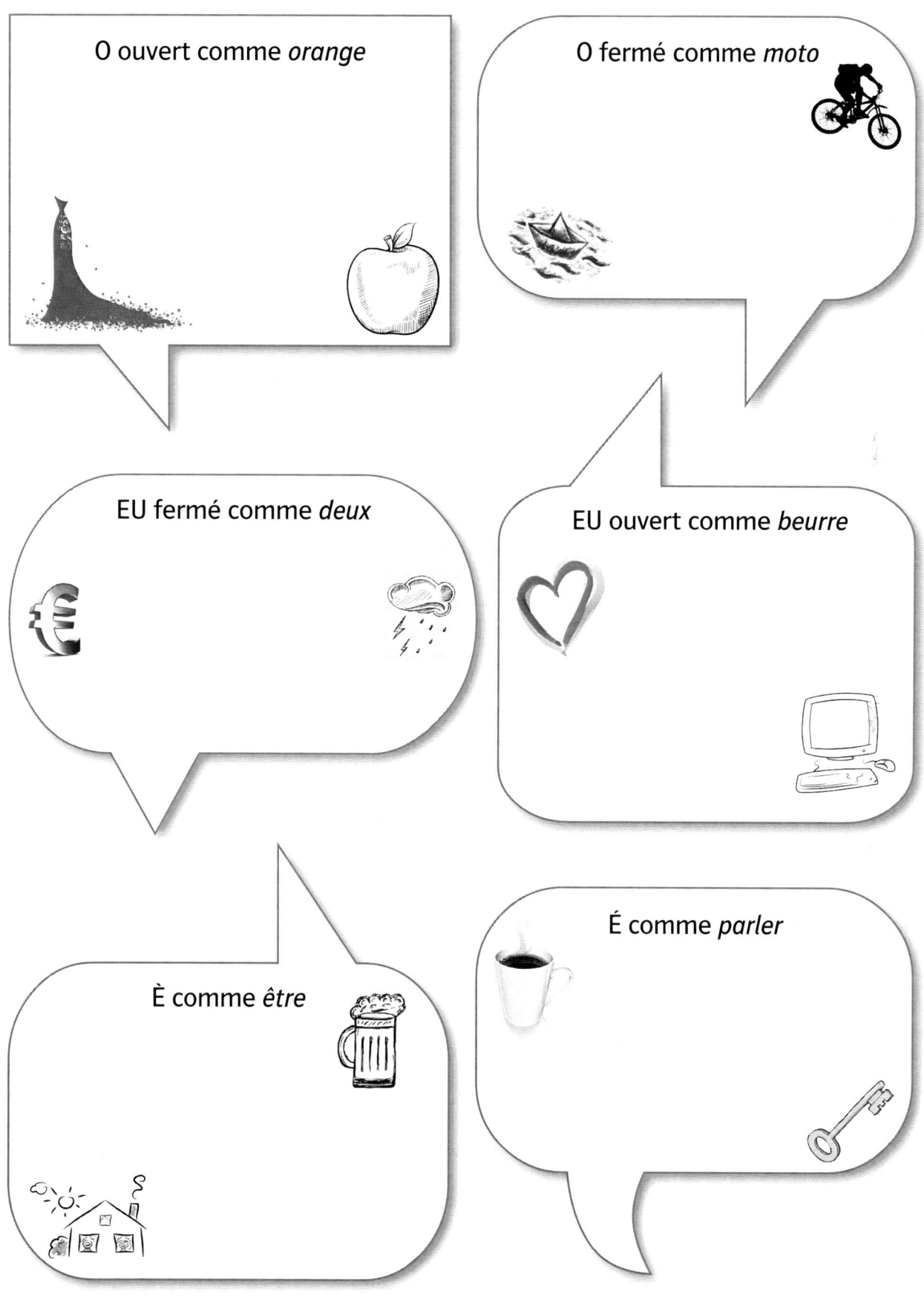

I Les sons – Les consonnes

7. L'intrus

A1
–
A2

Lernziele
- Ausspracheschulung von C / Ç / S / X / G / J
- Schriftliche und mündliche Sprachschulung: Die Lesekompetenz schulen

Material
KV 6 als OHP-Folie vorbereiten

Alternative
KV 6 für jeden Spieler kopieren

Verlauf
Bei jeder Wort-Gruppenarbeit werden die Spieler gefragt, welches Wort nicht zu den anderen passt. Die Spieler müssen erklären, warum. Jede Gruppe denkt zunächst nach, überprüft die Lösungen mit dem Hörtext (Die Audios sind online: bitte den Zugangscode **ds9g3ea** in das Suchfeld auf *www.klett-sprachen.de* eingeben). Am Ende werden die Wörter jeder Gruppenarbeit laut vorgelesen.

Consignes
Quel mot ne va pas avec les autres ?
Pourquoi ?

Aufnahmen

Die Audios sind online: bitte den Zugangscode **ds9g3ea** in das Suchfeld auf *www.klett-sprachen.de* eingeben.

> **Solutions**
> *un cinéma*
> *une cuisine*
> *une rose*
> *une adresse*
> *une guitare*
> *la gare*
> *le gérondif*

L'intrus

Quel mot ne va pas avec les autres ?
Pourquoi ?

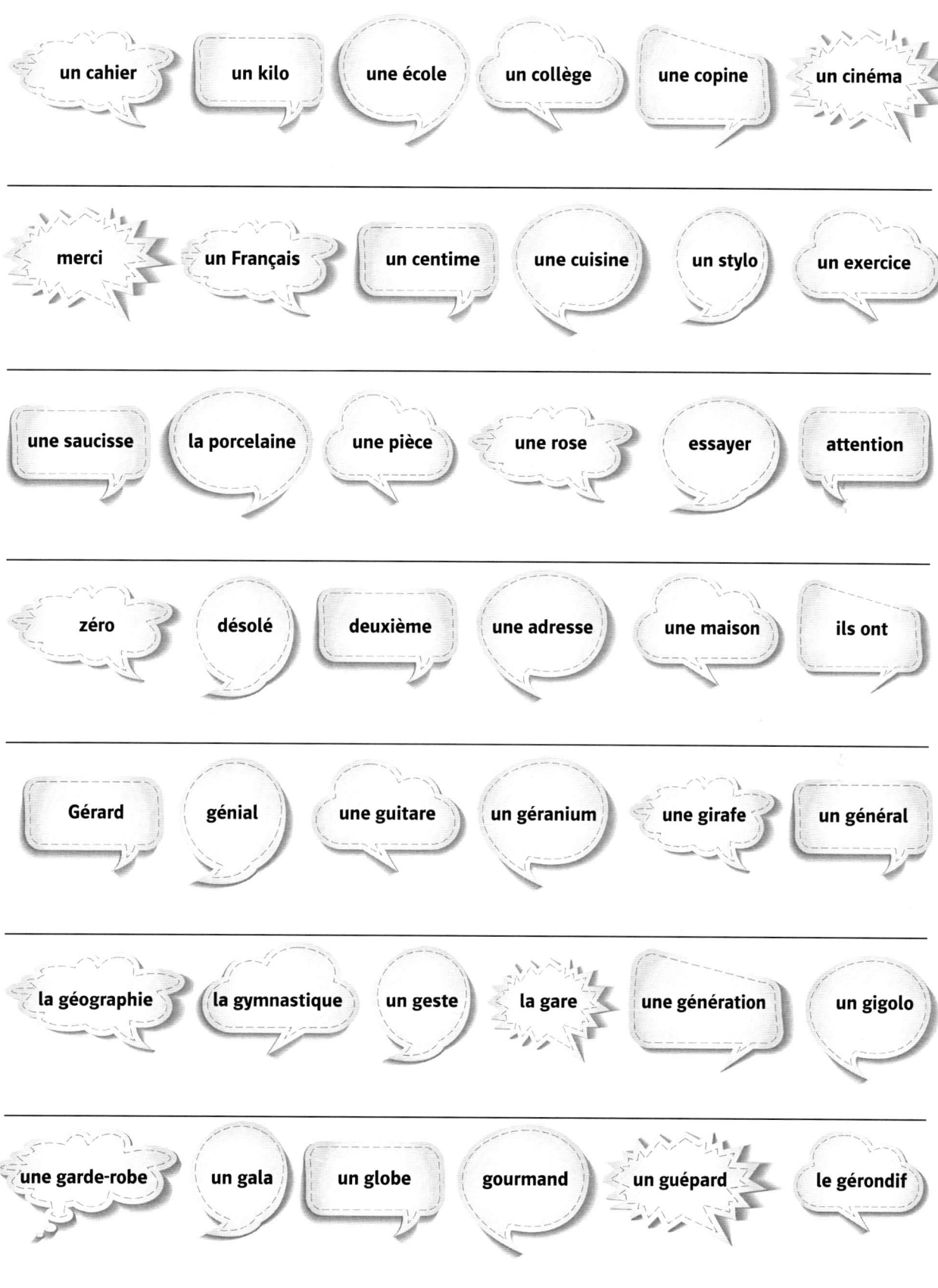

8. Le trio des S et Z

A1   **A2**

 2 équipes de 2 ou 3 personnes

Lernziele
- Ausspracheschulung von C und S und Z

Material
KV 7 für jede Gruppe kopieren

Alternative
Jede Tabelle mit 9 Wörtern an die Tafel schreiben

Verlauf
Ziel des Spiels ist es, 3 richtige Antworten in horizontaler, vertikaler oder diagonaler Richtung zu finden. Abwechselnd wählt eine Mannschaft ein Spielfeld aus und muss das Wort des Feldes lesen. Die Spieler wechseln nach jeder Runde. Wenn das Wort richtig ausgesprochen wird, erhält die jeweilige Mannschaft einen Punkt und markiert das jeweilige Spielfeld. Mannschaft 1 kann ein Kreuz, Mannschaft 2 kann einen Kreis als Markierungssymbol benutzen. Die Spieler korrigieren sich gegenseitig.

Consignes

Le but du jeu est d'obtenir 3 bonnes réponses horizontalement, verticalement ou diagonalement.
À tour de rôle, chaque équipe choisit une case et doit lire le mot de cette case.
On change de joueur à chaque tour.
Si la prononciation du mot est correcte, l'équipe remporte un point et marque la case soit avec une croix pour l'équipe 1, soit avec un cercle pour l'équipe 2.

Die Audios sind online: bitte den Zugangscode **ds9g3ea** in das Suchfeld auf *www.klett-sprachen.de* eingeben.

Aufnahmen

A1

1.
Mots avec le son S : une adresse, le cinéma, ensemble, la danse, français, un dessert
Mots avec le son Z : une gazelle, une bise, une chaise

A1 – A2

2.
Mots avec le son S : le cirque, penser, intéressant, le lycée, un médecin, le dessin, un poisson
Mots avec le son Z : une cousine, bizarre

A1 – A2

3.
Mots avec le son S : la Suisse, une surprise, une caisse, une leçon, le dessert
Mots avec le son Z : une surprise, le désert, un magazine, une case, un paysage

Le trio des S et Z

1.

une adresse	le cinéma	une gazelle
ensemble	une bise	la danse
français	une chaise	un dessert

2.

une cousine	le cirque	penser
bizarre	intéressant	le lycée
un médecin	le dessin	un poisson

3.

la Suisse	une surprise	une caisse
le désert	une leçon	le dessert
un magazine	une case	le paysage

I Les sons – Les consonnes

9. Écoutez et dessinez !

A1 A2 B1

Lernziele
- Ausspracheschulung von F, V P, B, K, G, C, S, Z, X
- Differenzierung von V / F, P / B, K / G, S / Z
- Schriftlicher und mündlicher Sprachgebrauch

Material: KV 8 als Kopie an jeden Spieler verteilen

Verlauf: Den Spielern wird das Ziel des Spiels erklärt. Es sollen 2 ähnlich klingende Laute unterschieden werden. Die vorgelesenen Wörter werden schriftlich festgehalten. Das Verbinden der vorgelesenen Wörter ergibt eine Zeichnung. Es muss vorab sichergestellt werden, dass die Wörter bekannt sind. Danach folgt das Vorspielen des Hördokuments und das laute Vorlesen der Wörter, bevor die Übung fortgesetzt wird.

Die Audios sind online: bitte den Zugangscode **ds9g3ea** in das Suchfeld auf *www.klett-sprachen.de* eingeben.

Consignes : *Vous allez entendre des mots. Reliez les mots que vous entendez. Qu'avez-vous dessiné ?*

Aufnahmen

Dessin 1
a. Tous les mots

le pain / le bain	Tu es fou ! Tu as mis le pain dans la salle de bain !
Paul / le bol	Paul, voilà un bol de café pour toi.
la poule / la boule	Il y a des poules ici ((Cot, cot, cot)). Ne joue pas aux boules !
le plan / blanc	Regarde le plan et bois un verre de vin blanc.
le gâteau / le cadeau	Pour ta fête, j'ai fait un gâteau et je t'offre ce cadeau.
600 / 6 ans	J'ai acheté ce tableau 600 euros il y a 6 ans.
douze / douce	12 enfants chantent une douce chanson.
je veux / cheveux	Je veux faire couper mes cheveux.
vous / fou	Toi et Annette, vous êtes complètement fous !

b. Solutions
1. un pain – 2. je veux – 3. un cadeau – 4. vous – 5. douze – 6. Paul – 7. une boule – 8. un plan – 9. 6 ans – 10. un pain
(→ Les mots reliés forment une maison.)

Dessin 2
a. Tous les mots

ils ont / ils sont	Ils ont des bonbons. Ils sont contents.
un cousin / un coussin	Mon cousin est assis sur un coussin.
un poison / un poisson	C'est du poison ! Non, c'est une blague, c'est du poisson !
le désert / le dessert	Le Sahara est un désert. La glace est un dessert.
ils appellent / il s'appelle	Ils appellent mon copain qui s'appelle Jérôme.
un pain / un bain	Tu es fou ! Tu as mis le pain dans la salle de bain !
vous avez / vous savez	Vous avez une voiture ? Vous savez conduire ?
le zoo / le seau	Le gardien du zoo porte un seau.
les heures / les sœurs	Les heures passent vite… avec les sœurs de Luc !
les héros / les zéros	Ulysse est un héros de l'antiquité mais zéro est un chiffre !
je veux / cheveux	Je veux faire couper mes cheveux.
le gâteau / le cadeau	Pour ta fête, j'ai fait un gâteau et je t'offre ce cadeau.

b. Solutions
1. ils sont – 2. le poisson – 3. le désert – 4. les sœurs – 5. les héros – 6. un cousin – 7. vous avez – 8. un zoo – 9. ils s'appellent – 10. un gâteau – 11. un pain – 12. cheveux – 13. ils sont
(→ Les mots reliés forment une étoile.)

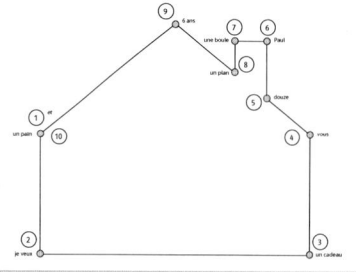
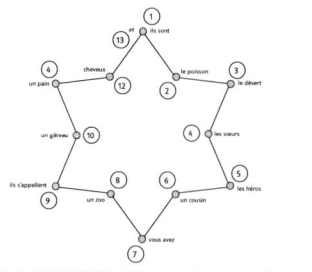

Écoutez et dessinez !

Reliez les mots prononcés. Qu'avez-vous dessiné ?

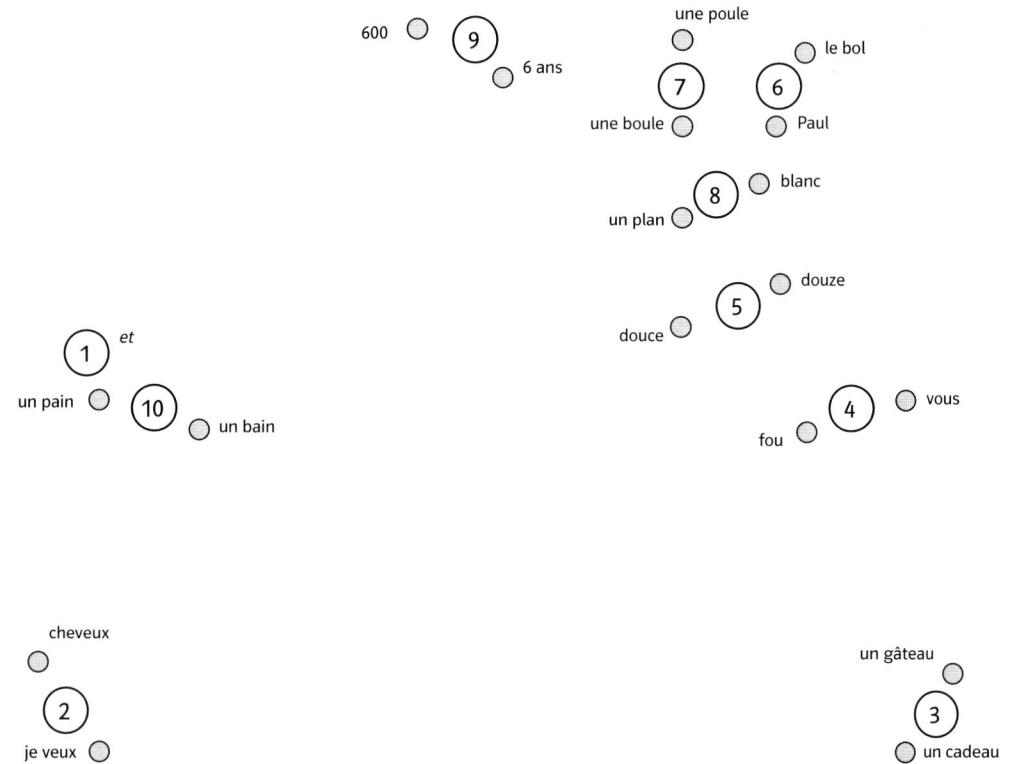

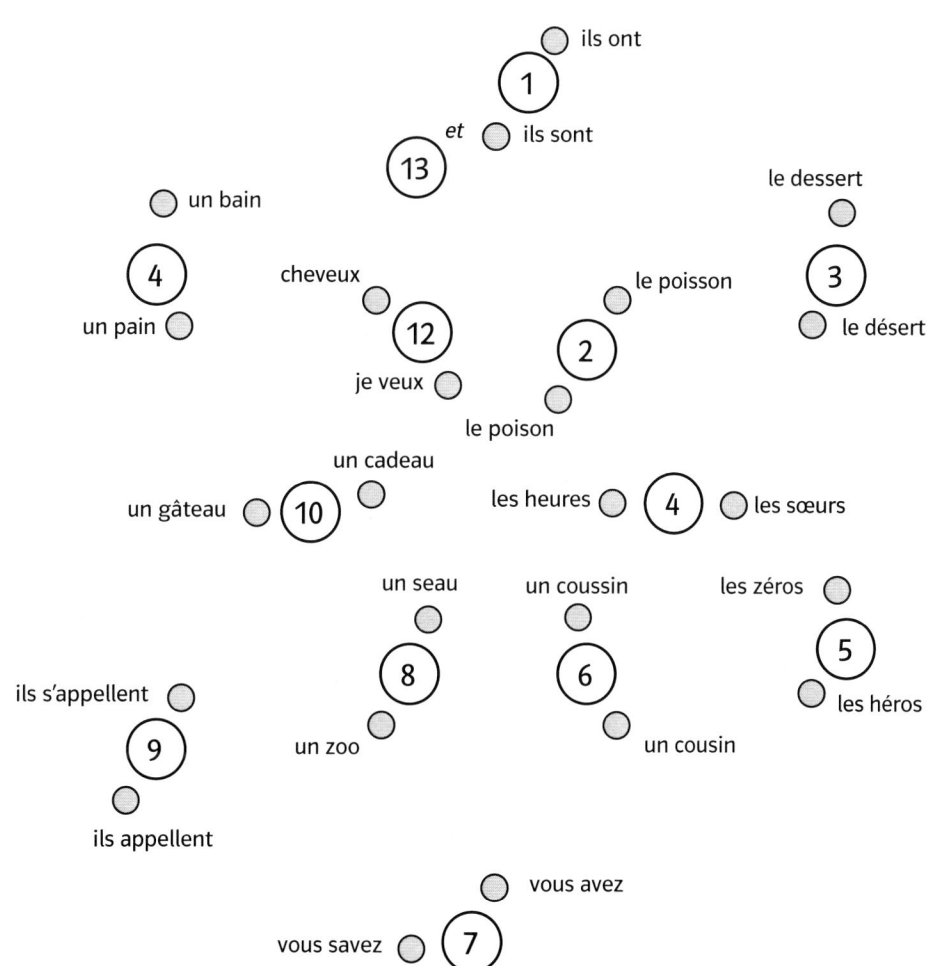

I Les sons – Les consonnes

10. Le loto des consonnes

A1   A2

Lernziele
- Ausspracheschulung von F, V, P, B, K, G, C, S, Z, X
- Differenzierung von V/F, P/B, K/G, S/Z

Material
KV 9

Verlauf
Den Spielern wird das Ziel des Spiels erklärt. Es gilt den Unterschied zweier Laute auseinanderhalten zu können. Das Hördokument wird vorgespielt, dann werden die Sätze wiederholt.
Die Wortliste oder auch nur ein Teil davon wird an die Tafel geschrieben oder projiziert. Jeder Spieler erhält 7 Wörter der Liste und schreibt diese auf ein Stück Papier. Dann werden durch Zufallsprinzip 20 Wörter vorgelesen. Erkennt ein Spieler ein Wort, welches auf seiner Liste ist, streicht er dieses durch. Wer zuerst 7 durchgestrichene Wörter hat, ruft: „Gagné !" (Gewonnen!)

Consignes
Choisissez 7 mots de cette liste et écrivez-les sur une feuille de papier.
Vous allez entendre des mots.
Si un de ces mots est sur votre liste, barrez-le.
Celui qui a barré ses 7 mots crie « Gagné ! »

Variante
S und Z-Loto: Es werden nur Wörter mit S oder Z Lauten ausgesucht.

Aufnahmen

Die Audios sind online: bitte den Zugangscode **ds9g3ea** in das Suchfeld auf *www.klett-sprachen.de* eingeben.

Le jeu

un cousin	un bol
6 ans	la boule
le seau	le poison
le cadeau	douce
Paul	les zéros
un pain	le zoo
un coussin	le cadeau
le dessert	le bain
6 ans	les heures
le gâteau	12
le désert	le poisson
la poule	600

Variante :
Le loto des S et Z

le cousin	ils sont
le dessert	douce
six ans	le coussin
vous savez	600
les sœurs	vous avez
les héros	zéro
douze	
ils ont	
les héros	
les heures	
le désert	

Le loto des consonnes

Le loto des S et Z

Liste de mots avec : les sons S / Z

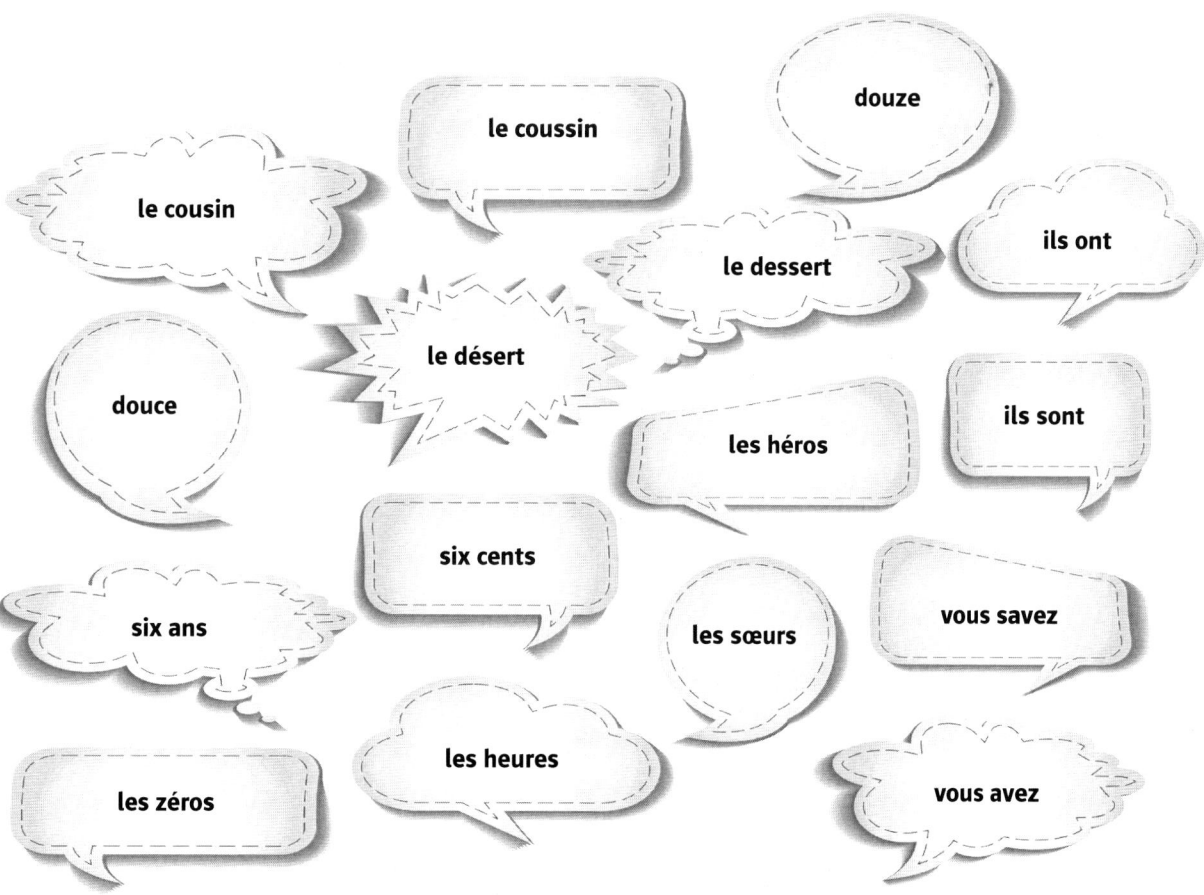

I Les sons – Les consonnes

11. Le jeu des 7 familles des consonnes

A1　A2

Lernziele
- Ausspracheschulung von S, P, B, J, F, V, R
- Schriftlicher und mündlicher Sprachgebrauch: Schulung der Lesekompetenz

Material
KV 10
Es wird mit 28 Karten gespielt, wovon 7 Spieler jeweils 4 Karten erhalten.
Für jede Gruppe (max. 4) wird eine Kopie der KV 10 vorbereitet.
Die 28 Karten werden ausgeschnitten.

Verlauf
Als Spiel der 7 Spielfamilien oder Quartett. In diesem Spiel gibt es 7 Spielfamilien: Die Familien S, P, B, J, F, V und R. Jede Spielfamilie hat 4 Karten. Falls notwendig, werden den Spielern die Spielregeln erklärt. Es wird ein dialogisches Beispiel gegeben:

> *Exemple : – Dans la famille S, est-ce que tu as le poisson ?*
> *– Oui, voilà le poisson. / Non (je n'ai pas cette carte).*

Die Spieler korrigieren sich gegenseitig. Ist die Aussprache falsch, erhält der gefragte Spieler keine Karte. Dann ist der zweite Spieler an der Reihe.

Consignes
Il s'agit du jeu des 7 familles. Il y a 7 familles : la famille S, la famille P, la famille B, la famille J, la famille F, la famille V et la famille R.
Chaque famille a 4 cartes.
Chacun à son tour demande une carte à un autre joueur.
Si sa prononciation est correcte, le joueur reçoit la carte et c'est à son tour de jouer :

> *Exemple : – Dans la famille S, est-ce que tu as le poisson ?*
> *– Oui, voilà le poisson. / Non (je n'ai pas cette carte).*

Les joueurs se corrigent entre eux.
Si sa prononciation n'est pas correcte, le joueur ne reçoit pas la carte qu'il demande et c'est au tour du deuxième joueur de jouer.
Quand un joueur a une famille complète, il place ses cartes devant lui.
Le joueur qui a le plus grand nombre de familles a gagné.

Die Audios sind online: bitte den Zugangscode **ds9g3ea** in das Suchfeld auf *www.klett-sprachen.de* eingeben.

Aufnahmen

> *Famille S : le poi**ss**on, le **c**itron, le gar**ç**on, le **s**ac*
> *Famille R : le **r**at, l'a**rr**êt de bus, le **r**ugby, la **r**obe*
> *Famille P : la **p**oule, la **p**omme, la **p**étanque, l'a**pp**artement*
> *Famille B : le **b**œuf, le **b**eurre, l'a**bb**é, les **b**ottes*
> *Famille F : la **ph**oto, le **f**ruit, le **f**ootball, le **f**oulard*
> *Famille V : la **v**ache, le **v**in, faire du **v**élo, le **w**agon*
> *Famille J : la **g**irafe, le **j**ambon, la plon**g**ée, la **g**ymnastique*

Le jeu des 7 familles des consonnes

Famille S	Famille S	Famille S	Famille S
LE POISSON	LE CITRON	LE GARÇON	LE SAC
(le citron / le garçon / le sac)	(le poisson / le garçon / le sac)	(le poisson / le citron / le sac)	(le poisson / le citron / le garçon)
Famille R	**Famille R**	**Famille R**	**Famille R**
LE RAT	L'ARRÊT DE BUS	LE RUGBY	LA ROBE
(l'arrêt de bus / le rugby / la robe)	(le rat / le rugby / la robe)	(le rat / l'arrêt de bus / la robe)	(le rat / l'arrêt de bus / le rugby)
Famille P	**Famille P**	**Famille P**	**Famille P**
LA POULE	LA POMME	LA PÉTANQUE	L'APPARTEMENT
(la pomme / la Pologne / l'appartement)	(la poule / la Pologne / l'appartement)	(la poule / la pomme / l'appartement)	(la poule / la pomme / la Pologne)
Famille B	**Famille B**	**Famille B**	**Famille B**
LE BŒUF	LE BEURRE	L'ABBÉ	LES BOTTES
(le beurre / l'abbé / les bottes)	(le bœuf / l'abbé / les bottes)	(le bœuf / le beurre / les bottes)	(le bœuf / le beurre / l'abbé)

Famille F	Famille F	Famille F	Famille F
LA PHOTO	LE FRUIT	LE FOOTBALL	LE FOULARD
(le fruit / le football / le foulard)	(la photo / le football / le foulard)	(la photo / le fruit / le foulard)	(la photo / le fruit / le football)
Famille V	**Famille V**	**Famille V**	**Famille V**
LA VACHE	LE VIN	LE VÉLO	LE WAGON
(le vin / le vélo / le wagon)	(la vache / le vélo / le wagon)	(la vache / le vin / le wagon)	(la vache / le vin / le vélo)
Famille J	**Famille J**	**Famille J**	**Famille J**
LA GIRAFE	LE JAMBON	LA PLONGÉE	LA GYMNASTIQUE
(le jambon / la plongée / la gymnastique)	(la girafe / la plongée / la gymnastique)	(la girafe / le jambon / gymnastique)	(la girafe / le jambon / la plongée)

12. Jacques a dit : Levez tous la main !

Lernziele
- Ausspracheschulung von *tous* und *plus*

A1   A2   B1

Material
–

Verlauf
Das Hördokument wird vorgespielt und die Ausspracheregeln werden wiederholt. Die Spieler sollen dann die Sätze mit *tous* und *plus* hören. Ist das *s* am Ende betont, sollen sie die Hand heben. Ist es stumm, bleibt die Hand unten. Bei einer falschen Antwort scheidet man aus.

Consignes
Vous allez entendre des phrases avec « tous » et « plus ».
Si le « s » est prononcé, levez la main.
Si le « s » n'est pas prononcé, ne bougez pas.
Les joueurs qui se trompent sont éliminés.

Aufnahmen

> *Tous : Jacques a dit…*
> *Tous les élèves sont présents.*
> *Ils sont tous dans la cour.*
> *Tous les jours, c'est la même chose.*
> *Tout le monde arrive à l'heure.*
> *Tu as lu tous ces livres ?*
> *Oui, je les ai tous lus.*
> *Je parle à vous tous !*
> *Tu as fait tous tes devoirs ?*
> *J'ai vendu tous mes DVD.*
> *Vraiment, tu les as tous vendus ?*

> *Plus : Jacques a dit…*
> *Il n'y a plus de place.*
> *Elle écrit plus vite que toi.*
> *Parlez plus lentement, s'il vous plaît.*
> *Je voudrais plus de pain.*
> *Tu ne veux plus de glace ?*
> *Non, je n'en veux plus.*
> *Tenez, voilà un paquet et en plus une lettre.*
> *Cette robe est plus jolie.*
> *De plus, elle te va mieux.*
> *Je n'ai plus d'argent.*

Die Audios sind online: bitte den Zugangscode **ds9g3ea** in das Suchfeld auf *www.klett-sprachen.de* eingeben.

13. Jeu de cartes : Pour qui ce cadeau ?

A1

Lernziele
- Stumme Schlusskonsonanten
- O, I, ER, ON, ETTE, IN
- Schriftlicher und mündlicher Sprachgebrauch: Kompetenz- und Motivationsschulung beim Hören der Laute und beim Reimen

Material
KV 11

Vorbereitung
Es werden die 42 Karten (sprich 7 Kartenporträts und 35 Geschenkkarten) an 7 Spieler verteilt. Vorab werden die Karten ausgeschnitten und vorbereitet. Es kann auch die gleiche Anzahl Kartenporträts wie Spieler ausgewählt werden und diesen werden je 5 Geschenkkarten, die den ausgewählten Porträtkarten entsprechen, hinzugefügt.

Verlauf
Die Porträtkarten werden verteilt. Jeder Spieler erhält eine andere Porträtkarte. Die Geschenkkarten werden gemischt und verdeckt vor jeden Spieler gelegt. Abwechselnd werden die Geschenkkarten aufgedeckt. Wenn sich die Geschenkekarte mit der Porträtkarte reimt, legt der Spieler die beiden Karten vor sich hin. Reimen sich die Karten nicht, wird die Karte unter den Stapel zurückgelegt. Die Spieler werden gefragt, für wen das Geschenk ist.

Beispiel: Le chapeau, c'est pour M. Thibault.

Der Spieler, der zuerst die 5 Geschenkkarten passend zur Porträtkarte hat, hat gewonnen.

Consignes
Vous avez chacun la carte d'une personne.
À tour de rôle, prenez une carte de la pioche pour trouver les cadeaux qui riment avec le nom de cette personne.

Exemple : Le chapeau, c'est pour M. Thibault.

Die Audios sind online: bitte den Zugangscode **ds9g3ea** in das Suchfeld auf *www.klett-sprachen.de* eingeben.

Si le cadeau ne rime pas avec la personne, remettre la carte sous les autres.
C'est au tour du voisin de jouer.
Le premier qui a les 5 cadeaux correspondants à sa carte-portrait a gagné !

Aufnahmen

> 1. Pour M. Thibault : un chapeau, des gâteaux, un pot, 2 tickets de métro, deux vélos !
> 2. Pour Sophie : un tapis, un kiwi, un plat de riz, des habits, un lit !
> 3. Pour Robert : 2 camemberts, un dessert, 3 verres, un bonnet vert, un T-shirt très cher !
> 4. Pour Marion : du jambon, des oignons, un vase rond, un manteau long, des bonbons !
> 5. Pour Lise : une valise, 2 bises, des cerises, un voyage à Pise, un quiz !
> 6. Pour Paulette : une assiette, des chaussettes, une omelette, des lunettes, des courgettes !
> 7. Pour Martin : un pain, 2 lapins, 3 timbres, une salle de bain, une statue de Rodin !

Jeu de cartes : Pour qui ce cadeau ?

 M. THIBAULT	 SOPHIE	 ROBERT	 MARION
 PAULETTE	 LISE	 MARTIN	

 un chapeau	 des gâteaux	 un pot	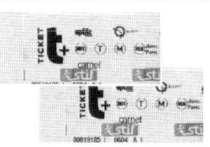 2 tickets de métro	 deux vélos
 un tapis	 un kiwi	 un plat de riz	 des habits	 un lit
 un camembert	 un dessert	 3 verres	 un bonnet vert	 un T shirt très cher
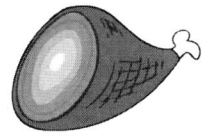 du jambon	 des oignons	 un vase rond	 un manteau long	 des bonbons
 une valise	 2 bises	 des cerises	 un voyage à Pise	 un quiz
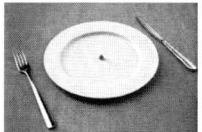 une assiette	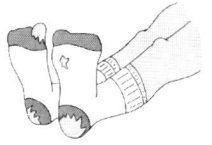 des chaussettes	 une omelette	 des lunettes	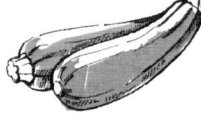 des courgettes
 un pain	 2 lapins	 3 timbres	 une salle de bain	 une statue de Rodin

14. Le trio des lettres finales muettes

A1   **A2**

Lernziele
- Die stummen Endkonsonanten

Material
KV 12

Alternative
Die Tabelle wird an die Tafel geschrieben

Verlauf
Es werden 2 Mannschaften mit je 3 Personen gebildet. An die Tafel wird die Tabelle mit den 9 Wörtern geschrieben. Ziel des Spiels ist es, 3 richtige Antworten in horizontaler, vertikaler oder diagonaler Richtung zu finden.
Abwechselnd wählt jede Mannschaft ein Spielfeld aus und liest die geschriebenen Wörter vor. Die Spieler wechseln sich ab. Wenn das Wort nicht richtig ausgesprochen wird, verliert die Mannschaft einen Punkt und die Gegenmannschaft erhält einen Punkt. Dieser wird auf dem Spielfeld markiert. Mannschaft 1 kann ihr Spielfeld mit einem Kreuz, Mannschaft 2 kann ihr Feld mit einem Kreis markieren. Die Spieler korrigieren sich gegenseitig.

Consignes
Le but du jeu est d'obtenir 3 bonnes réponses horizontalement, verticalement ou diagonalement.
À tour de rôle, chaque équipe choisit une case et doit lire le mot écrit.
À chaque tour, changez de joueur.
Si la prononciation du mot est correcte, l'équipe remporte un point et marque la case soit avec une croix pour l'équipe 1, soit avec un cercle pour l'équipe 2.
Les joueurs se corrigent entre eux.

Aufnahmen

Solutions

1. *Mots avec des lettres finales muettes : petit, des glaces, le prix, anglais, à bientôt, le sport*
   Mots avec des lettres finales prononcées : un bus, le fils, en plus

2. *Mots avec des lettres finales muettes : un projet, des chaussures, un dessert, un repas, un accident, monsieur*
   Mots avec des lettres finales prononcées : un film, un short, le chef

3. *Mots avec des lettres finales muettes : d'accord, les courses, beaucoup, le nord*
   Mots avec des lettres finales prononcées : finir, le sud, l'ouest, l'hôtel, un œuf

4. *Mots terminés par -ent non prononcé : elles enseignent, ils excellent, ils président*
   Mots terminés par -ent prononcé : (il est) content, (c'est le) président, un enfant, un appartement, excellent, vraiment

Die Audios sind online: bitte den Zugangscode **ds9g3ea** in das Suchfeld auf *www.klett-sprachen.de* eingeben.

Le trio des lettres finales muettes

un bus	*petit*	*des glaces*
le prix	*anglais*	*le fils*
en plus	*à bientôt*	*le sport*

un projet	un film	des chaussures
un short	un dessert	le chef
un repas	un accident	monsieur

d'accord	finir	le sud
les courses	beaucoup	le nord
l'ouest	l'hôtel	un œuf

(il est) content	(c'est) le président	un enfant
un appartement	elles enseignent	ils excellent
excellent	vraiment	ils président

I Les sons – Les consonnes

15. Le labyrinthe

Lernziele
- Stumme Endkonsonanten erkennen
- Aussprachschulung der Wörter, die auf –ENT enden
- Zwischen der 3. P. Pl. im Präsens und anderen Wörtern unterscheiden können

Material
KV 13

Verlauf
Ziel des Spiels ist es, Wörter mit einem oder stummen Endkonsonanten zu erkennen und die Wörter untereinander zu verbinden. Es wird vom Feld *Départ* (Start) bis zum Feld *Arrivée* (Ziel) gespielt. Die Wörter entlang der Spielstrecke werden laut vorgelesen.

Consignes
Trouvez votre chemin en passant par les mots qui ont une ou des lettres finales muettes.

Aufnahmen

Die Audios sind online: bitte den Zugangscode **ds9g3ea** in das Suchfeld auf *www.klett-sprachen.de* eingeben.

Solutions

1.
Itinéraire proposé: beaucoup, chaud, prix, trois, salut, d'accord, important, riz, dimanche

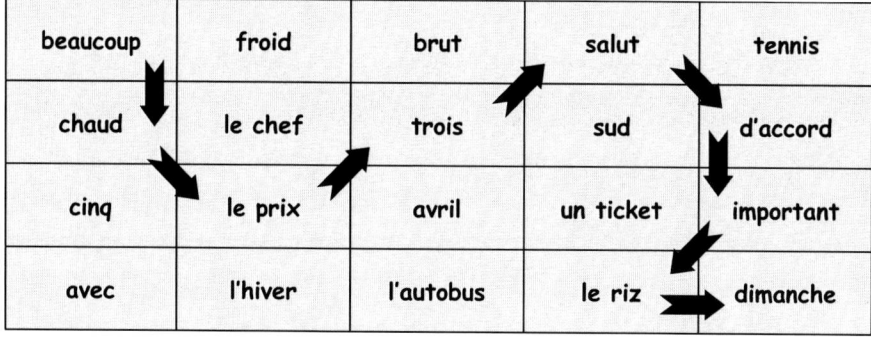

2.
Itinéraire : des fleurs, un chat, intelligent, un pays, le français, une souris, la vie, l'informatique

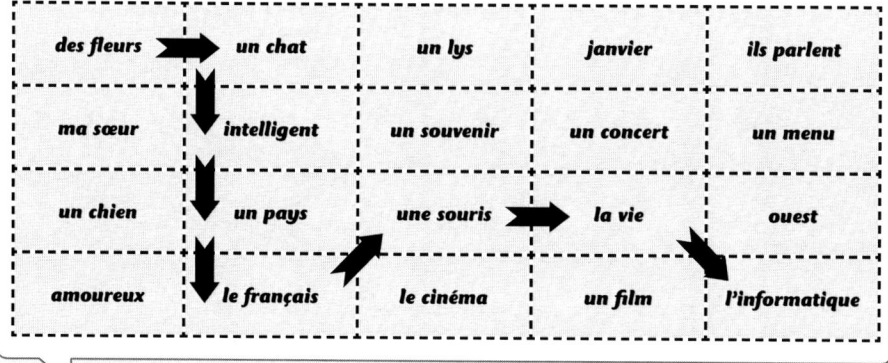

1 Les sons – Les consonnes

3.

Itinéraire : nous mangeons, ils travaillent, les autos, tu lis, des bananes, vraiment, la cuisine, ils partent, un dessert

nous mangeons	un club	un hôtel	des cadeaux	cinq
direct	ils travaillent	seul	un ananas	un short
les autos	l'hiver	le golf	la cuisine	ils partent
le tennis	tu lis	des bananes	vraiment	un dessert

4.

Il y a plusieurs itinéraires mais ils ne faut pas passer par les verbes à la 3ᵉ personne pluriel du présent.

Il ne faut pas passer par les mots suivants : elles lisent, elles parlent, ils président, ils écrivent, ils prennent, ils mangent, ils apprennent

le président	elles lisent 🚫	lentement	il apprend	elles parlent 🚫
violent	excellent	ils président 🚫	un appartement	ils écrivent 🚫
ils prennent 🚫	ils mangent 🚫	les enfants	un éléphant	intelligent
évident	quand	content	ils apprennent 🚫	les parents

Le labyrinthe

Trouvez votre chemin en passant par les mots qui ont une ou des lettres finales muettes.

1.

DÉPART

beaucoup	froid	brut	salut	tennis
chaud	le chef	trois	sud	d'accord
cinq	le prix	avril	un ticket	important
avec	l'hiver	l'autobus	le riz	dimanche

ARRIVÉE

2.

DÉPART

des fleurs	un chat	un lys	janvier	ils parlent
ma sœur	intelligent	un souvenir	un concert	un menu
un chien	un pays	une souris	la vie	ouest
amoureux	le français	le cinéma	un film	l'informatique

ARRIVÉE

Le labyrinthe

3.

DÉPART

nous mangeons	un club	un hôtel	des cadeaux	cinq
direct	ils travaillent	seul	un ananas	un short
les autos	l'hiver	le golf	la cuisine	ils partent
le tennis	tu lis	des bananes	vraiment	un dessert

ARRIVÉE

Trouvez votre chemin, dans ce labyrinthe, en passant par les mots qui se terminent par le son "AN / EN".

4.

DÉPART

le président	elles lisent	lentement	il apprend	elles parlent
violent	excellent	ils président	un appartement	ils écrivent
ils prennent	ils mangent	les enfants	un éléphant	intelligent
évident	quand	content	ils apprennent	les parents

ARRIVÉE

I Les sons – Les nasales

16. Le jeu de cartes des définitions

A1   A2

Lernziele
- Schulung der Nasale: AN, EN / IN, IM, AIN / UN / ON
- Unterscheiden, differenzieren, Lautproduktion

Material
KV 14: Für jede Gruppenarbeit wird ein Set von jeweils 9 Karten zur Verfügung gestellt.

Verlauf
a. Dieses Spiel ist in 2 Teile unterteilt, die jeweils unabhängig voneinander gespielt werden können. Ein Kartenset wird umgedreht vor die Spieler platziert. Ziel des Spiels ist es, die auf der Karte geschriebenen Wörter zu erraten. Abwechselnd wird eine Karte aufgedeckt. Das Wort wird nicht vorgelesen. Es wird eine Wortdefinition zusammen mit dem im Wort vorkommenden Nasal gegeben. Der Spieler, der das Wort erraten kann und es richtig ausspricht, erhält einen Punkt.

> *Exemple : C'est quelqu'un qui travaille dans un hôpital. Avec le son IN.*
> *Réponse : un infirmier*

b. *Pour aller plus loin :*
Am Ende des Spiels sollen die Spieler kleine Texte mit den Wörtern auf den Karten verfassen. Einige davon werden laut im Plenum vorgelesen.
Bei Zeitmangel werden nur die Hörtexte angehört und nachgesprochen.

c. *Pour le plaisir !*

Consignes
a. *Faites 2 équipes. Le but du jeu est de faire deviner le mot écrit sur chaque carte.*
À tour de rôle, prenez une carte.
Ne lisez pas le mot mais donnez la définition de ce mot et aussi le son qu'il contient.
Le joueur qui trouve le mot et le prononce correctement a un point.

> *Exemple : C'est quelqu'un qui travaille dans un hôpital. Avec le son IN.*
> *Réponse : un infirmier*

b. *Pour aller plus loin :*
Pouvez-vous faire des petits textes avec les mots de ces cartes ?

c. *Pour le plaisir !*

Aufnahmen

Die Audios sind online: bitte den Zugangscode **ds9g3ea** in das Suchfeld auf *www.klett-sprachen.de* eingeben.

> *a. un infirmier / un instant / impossible / l'internet / intéressant / interdit / des informations / important / intelligent / trente / un pain / un violon / lundi / une maison / décembre / blanc / cinq / l'Irlande*

> *c. Pour le plaisir !*
> *Mon voisin est intéressant,*
> *il a un travail important,*
> *c'est quelqu'un d'intelligent,*
> *il arrive dans un instant.*
>
> *Lundi trente décembre,*
> *je pars de la maison*
> *avec mon violon*
> *et je vais en Irlande.*

Le jeu de cartes des définitions

Mots commençant avec le son IN

Il travaille dans un hôpital.	Un moment très court.	Ce n'est pas possible.
un infirmier	*un instant*	*C'est impossible*
Pour communiquer par écrit, c'est très rapide.	Lis ce livre parce qu'il est…	On n'a pas le droit ; c'est…
l'internet	*intéressant*	*interdit*
On dit aussi des renseignements.	Fais attention, c'est très…	Cet enfant n'est pas idiot ! Au contraire, il est…
des informations	*important*	*intelligent*

Mots avec les sons : IN, AIN / UN / EN, AN, EM / ON

Un nombre. Avec le son EN	En France, la baguette par exemple. Avec le son AIN :	Un instrument de musique. Avec le son ON :
trente	*un pain*	*un violon*
Le premier jour de la semaine. Avec le son UN :	On habite dans une… Avec le son ON :	Le dernier mois de l'année. Avec le son EM :
lundi	*une maison*	*décembre*
Une couleur. Avec le son AN :	Un chiffre. Avec le son IN :	Un pays et une île. Avec le son AN :
blanc	*cinq*	*l'Irlande*

I Les sons – Les nasales

17. Comptines et nasales

A1   A2

Lernziele
- Kompetenz- und Ausspracheschulung der Nasale
- Sprachflüssigkeit

Material
KV 15

Verlauf
Es werden Kinderlieder zur Schulung des Hörverstehens vorgespielt. Dann werden sie mehrere Male nachgesungen.
Im Internet gibt es unterschiedliche Interpretationen dieser Lieder. Schlüsselwörter: Zählreime *(comptines)* oder Chorgesänge *(chorales)* / Titel *(titres)*.

A1

Zunächst werden die Spieler gefragt, ob sie französische Zählreime kennen. Sicher kennen sie *Sur le pont d'Avignon*. Die Lehrperson lässt sie singen.
Dann werden Wörter mit Nasalen gesucht. Zunächst Verben : *danser, chanter, entendre, répondre*. Dann werden die Vokabeln für die richtige Aussprache eingeführt : *un pont, rond, font / vent, soulevant, grand / matin, pin*

Consignes
Écoutez cette chanson.
Elle est très connue.
Vous la connaissez ?
De quoi parle-t-elle ?
Quels mots avez-vous entendus ?
Pouvez-vous la fredonner ?
À vous maintenant de chanter !

Aufnahmen

Die Audios sind online: bitte den Zugangscode **ds9g3ea** in das Suchfeld auf *www.klett-sprachen.de* eingeben.

♪♪♪♪♪ **Sur le pont d'Avignon** ♪♪♪♪♪

Sur le pont d'Avignon,
on y danse, on y danse.
Sur le pont d'Avignon,
on y danse tout en rond.
1. Les belles dames font comme ça, et puis encore comme ça.
2. Les beaux messieurs…
3. Les militaires…
4. Les cordonniers…
5. Les blanchisseuses…

♪♪♪♪♪ **Vent frais** ♪♪♪♪♪

Vent frais
vent du matin
soulevant le sommet des grands pins
joie du vent qui passe
allons dans le grand…

Comptines et nasales

Écoutez ces chansons… À vous de chanter !

Sur .... d'Avignon,

on y danse, on y ....

Sur le pont d'...

On y danse tout en ....

.... frais

vent du ....

soulevant le sommet des grands ....

joie du ....

allons dans le ....

I Les sons – Les nasales

18. En France

A1 A2 B1

Lernziele
- Schulung der Nasale
- Thema : Die Geographie Frankreichs

Material
KV 16

Verlauf
Die Spieler schauen zusammen mit der Lehrperson eine Frankreichkarte an. Diese verweist darauf, dass viele Städte und Regionen einen Nasallaut besitzen. Sie stellt einige Fragen zur Situierung der Städte. Dann beginnt das Spiel.

Consignes

A1

a. Retrouvez le nom de ces villes et de ces régions françaises qui contiennent la nasale AN / EN et la nasale ON.

    Exemple : Man + che = la Manche

Qui sera le plus rapide ?

b. Pour le plaisir !

Aufnahmen

Die Audios sind online: bitte den Zugangscode **ds9g3ea** in das Suchfeld auf *www.klett-sprachen.de* eingeben.

> *Pour le plaisir !*
> *En France, il pleut souvent en Normandie, mais moins souvent en Provence !*
>
> *Je vais souvent*
> *à Rouen et à Caen*
> *parce que j'aime*
> *les Normands !*
>
> *Quand je vais à Nantes*
> *et quand j'ai le temps,*
> *je m'arrête en Île-de-France,*
> *à Orléans.*
>
> *Pour les vacances,*
> *j'irai en Provence*
> *ou en Île-de-France.*
>
> *Je suis parti de Dijon,*
> *j'ai déjeuné à Lyon,*
> *j'ai dansé à Avignon*
> *et j'ai dormi à Toulon !*

En France

Retrouvez le nom de ces villes et régions françaises qui contiennent la nasale "AN / EN" ou la nasale "ON".
Qui sera le plus rapide ?

Les régions :

M...
Ch...
L...
Ile-de-Fr...
Norm...
V...
Rousill...
Massif C...
Prov...

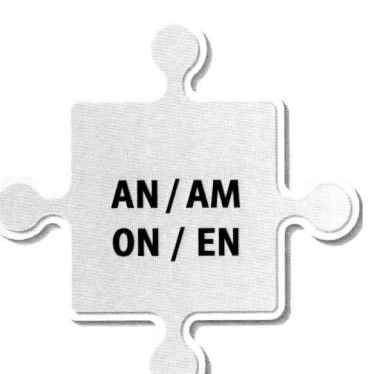

AN / AM
ON / EN

-des
-che
-ce
-die
-dée
-pagne
-ce
-on
-tral

Les villes

Toul...
Avign...
Besanç...
Orlé...
Ly...
N...
Dij...
Rou...
N...

AN / EN
ON

-cy

-tes

I Les sons – Les nasales

19. Le jeu du bac à l'oral

A1 A2 B1

Lernziele
- Die Nasale

Material
KV 17 oder Festhalten des Spielverlaufs an der Tafel

Verlauf
Dieses Spiel ist eine Variante von Stadt, Land, Fluss: alle Wörter, die gefunden werden, müssen einen Nasallaut enthalten.
Es werden 3 Themenbereiche, mit denen gearbeitet wird, ausgewählt.
Die auszufüllende Tabelle wird an die Tafel projiziert.
Jede Mannschaft sucht so viele Wörter mit den Nasalen *an/on/in/un* wie möglich, um die Tabelle auszufüllen.
Dann kommen die Mannschaften zusammen und suchen nach Wörtern, um die Tabelle auszufüllen. Bei jeder Antwort wechseln die Spieler. Für jede richtige Antwort mit richtiger Betonung, gibt es einen Punkt.

Consignes

Quelle équipe trouvera le plus grand nombre de mots pour remplir ce tableau ?
Chaque mot doit contenir une nasale : AN / ON / IN / UN.
D'abord, travaillez en équipe.
Ensuite, à tour de rôle, chaque équipe prend la parole pour donner une réponse.
Pour chaque réponse, changez de joueur.
Pour chaque réponse correcte, c'est-à-dire prononcée correctement, on compte un point.

Die Audios sind online: bitte den Zugangscode **ds9g3ea** in das Suchfeld auf *www.klett-sprachen.de* eingeben.

Aufnahmen

Les pays	Les villes françaises	Les régions françaises
Exemple : la France	*Exemple : Rouen*	*Exemple : la Normandie*
AN : le Luxembourg, l'Irlande, la Finlande, l'Angleterre, la Grande-Bretagne, l'Argentine, le Cambodge **IN :** l'Inde, l'Indonésie **ON :** le Japon	**AN :** Caen, Nantes, Orléans, Besançon, Menton **ON :** Dijon, Lyon, Avignon, Montpellier, Menton, Besançon **IN :** Reims **UN :** Dunkerque	**AN :** la Bourgogne-Franche-Comté, le Centre-Val de Loire, le Grand Est, les Hauts-de-France, l'Île-de-France, la Normandie, la Provence-Alpes-Côte d'Azur
La ville	**Le corps**	**Les aliments**
Exemple : une maison	*Exemple : le sang*	*Exemple : le pain*
AN : un monument, un vendeur, un passant, un restaurant, une boulangerie, une banque, un banc, les gens **ON :** un pont, un piéton, un passage-piétons **IN :** un magasin, un terrain de sport, un jardin public	**AN :** une dent, la langue, le menton, une jambe **ON :** le front, un ongle, un poumon, le menton **IN :** la main, l'intestin, le rein	**AN :** une orange, le jambon, la viande **ON :** un melon, un poivron, un poisson, un saucisson, un concombre, un bonbon, une boisson, le jambon **IN :** le raisin, le vin

Le jeu du bac à l'oral

1. Quelle équipe trouvera le plus grand nombre de mots contenant une nasale ?

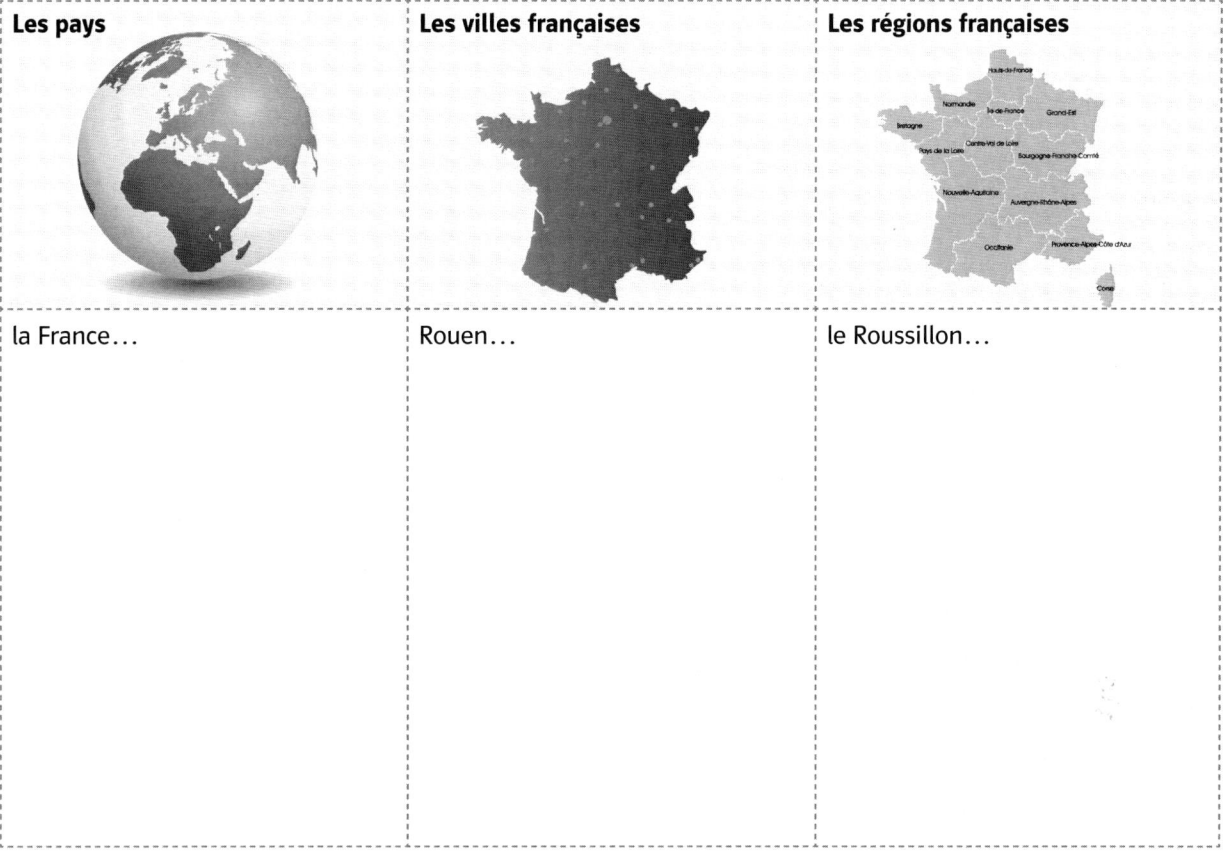

Les pays	**Les villes françaises**	**Les régions françaises**
la France…	Rouen…	le Roussillon…

2. Quelle équipe trouvera le plus grand nombre de mots contenant une nasale ?

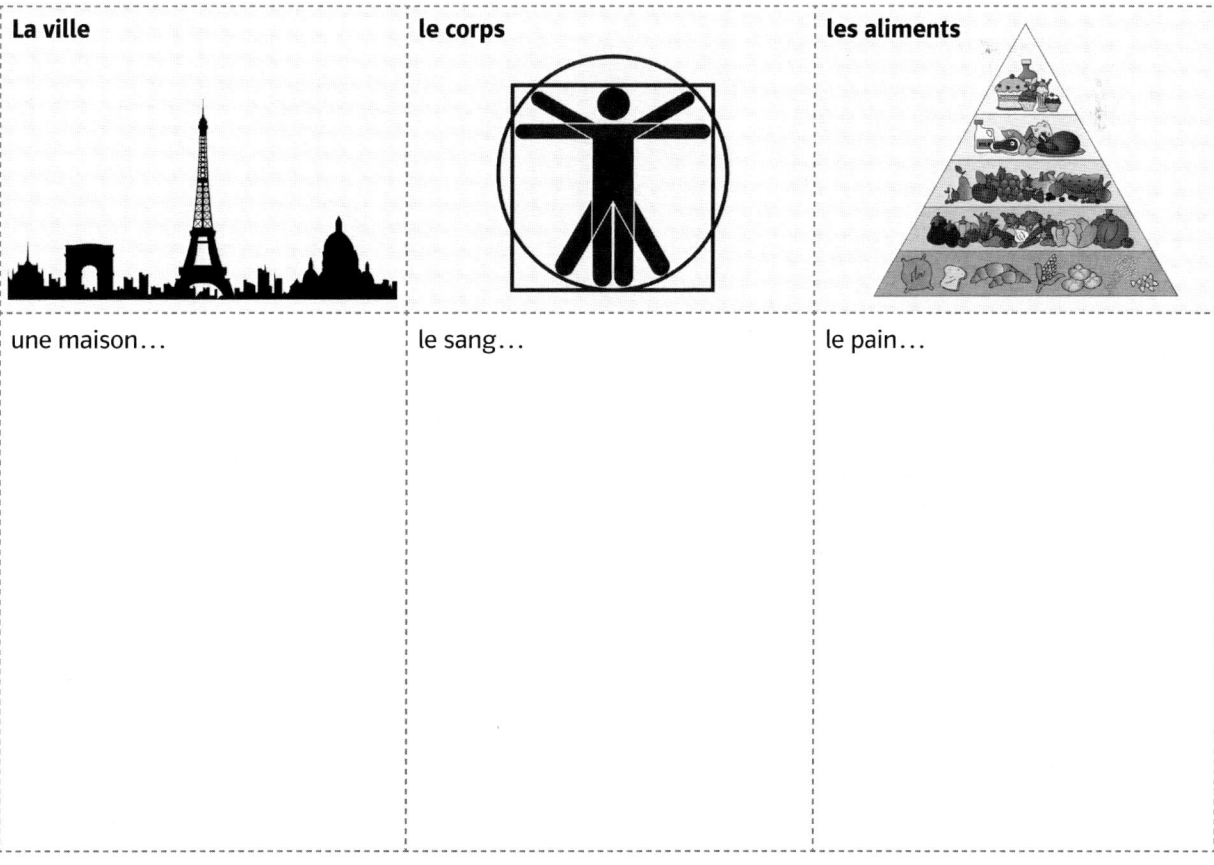

La ville	**le corps**	**les aliments**
une maison…	le sang…	le pain…

KV 17

I Les sons – Les nasales

20. *Le Pélican* – Poème de Robert Desnos

Lernziele
- Nasale, Liaison
- Sprachflüssigkeit

Material
KV 18

Verlauf
Der Autor Robert Desnos und sein Gedicht werden vorgestellt. Die fehlenden Vokabeln werden erklärt.

Un jeune capitaine se trouve sur une île. Il capture un pélican qui pond un œuf.

Dann werden Fragen und Vermutungen über den Fortgang des Gedichts gestellt.

D'après vous que se passe-t-il ensuite ? Que faire avec cet œuf ?...

Den Spielern wird erklärt, dass das lustige Gedicht aus 14 Versen besteht.
Alle Verse enden auf "*an*".

Zunächst wird die erste Hälfte des Gedichts angehört, dann werden die fehlenden Wörter ergänzt.
Dann wird die zweite Hälfte des Gedichts angehört. Schließlich wird das Gedicht gelesen und das Textverständnis überprüft.

Die Schüler bilden 4-er Gruppen und üben das Lesen des Gedichtes. Sie können es verschiedenartig interpretieren, z. B. als Sportreporter, als ein diktierender Lehrer, als Politiker, Priester oder Pfarrer.

Consignes
Vous allez écoutez un poème humoristique. Remarquez qu'il y a des sons qui se répètent.
Pour vous aider à les repérer, complétez les mots qui manquent. Qu'est-ce que vous remarquez ?
Écoutez la suite du poème et résumez-la.
En groupes de 4, entraînez-vous à lire ce poème d'une manière amusante. Choisissez une de ces interprétations : comme un reporter sportif, comme un instituteur qui lit une dictée, comme un homme politique, comme un prêtre ou un pasteur.
Quel groupe recevra le prix de la meilleure interprétation ?

Aufnahmen

Die Audios sind online: bitte den Zugangscode **ds9g3ea** in das Suchfeld auf *www.klett-sprachen.de* eingeben.

Le Pélican – de Robert Desnos
Le capitaine Jonathan,
Étant âgé de dix-huit ans,
Capture un jour un pélican
Dans une île d'Extrême-Orient.
Le pélican de Jonathan,
Au matin, pond un œuf tout blanc,
Et il en sort un pélican
Lui ressemblant étonnamment.
Et ce deuxième pélican
Pond à son tour un œuf tout blanc
D'où sort, inévitablement,
Un autre qui en fait autant.
Cela peut durer très longtemps
Si l'on ne fait pas d'omelette avant.

Le Pélican – Poéme de Robert Desnos

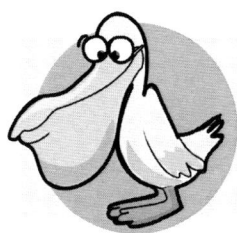

Robert Desnos
est né à Paris en 1900. Poète surréaliste, il fut aussi journaliste.
Arrêté comme résistant en 1944, il est déporté et meurt dans un camp de concentration le 8 juin 1945.

a. Vous allez écoutez un poème humoristique. Remarquez qu'il y a des sons qui se répètent.
Pour vous aider à les repérer, complétez les mots qui manquent. Qu'est-ce que vous remarquez ?
Écoutez et complétez :
Écoutez la suite du poème et résumez-la.

Le capitaine Jonathan,
Étant âgé de dix-huit ....
Capture un jour un ....
.... une île d'Extrême-........................
Le pélican de .... ,
Au matin, pond un œuf tout ....
Et il en sort un pélican
Lui ressemblant étonnamment.
Et ce deuxième pélican
Pond à son tour un œuf tout blanc
D'où sort, inévitablement,
Un autre qui en fait autant.
Cela peut durer très longtemps
Si l'on ne fait pas d'omelette avant.

Résumé:

....

....

....

....

ISBN 978-3-12-525844-0

I Les sons – Divers

21. Les cris et les bruits

A1 A2 B1

Lernziele
- Onomatopöie (Lautmalerei)
- Laute erkennen : U / OU / EU / UI / OUA / Ê / S / Z / IN / ON / AN / OIN
- Motivations- und Kompetenzschulung der Laute, Sprachflüssigkeit

Material
KV 19

Verlauf
Es werden die Tierlaute und andere Lautmalereien (Onomatopöien) vom Hördokument vorgespielt. Dann wird das Chanson und der Abzählreim angehört, gesungen und wiederholt. Dabei wird bei jedem Tier oder Transportmittel der Spieler gewechselt.

Consignes

1. Écoutez ces cris d'animaux. Associez le cri à l'animal. Que font ces animaux en allemand ?
   Écoutez la chanson « Dans la ferme à Mathurin… ». Ensuite à vous de la chanter !
2. Écoutez la comptine « Je vais à l'école ». Écrivez le bruit que vous entendez à côté du dessin correspondant. Que font ces moyens de transport en allemand ?
   Ensuite à vous de répéter la comptine !

Solutions

Les animaux	Les cris en français (en allemand)	Les moyens de transport	Les bruits en français (en allemand)
la vache	meuh, meuh (muhen)	le pied	boum, boum (stampfen)
le serpent	sssssssss (zischeln)	la voiture	tut, tut (tuten)
l'abeille	ZZZZZ (summen)	le vélo	gling. Gling (klingeln)
le hibou	houhou (heulen)	le car	tut, tut (hupen)
le mouton	bêê bêê (blöken)	le bateau	flouf, flouf (Boot-Signalton)
le chien	oua, oua, oua (bellen)	la moto	vroum, vroum (knattern)
les oiseaux	cui cui cui (piepen)	l'avion	mmmmmmmmmm (Flugzeuglaut)
le chat	miaou (miauen)	la fusée	hiiiiiiiiiiiiiiiii (Raketenlaut)
le coq	cocorico (krähen)		
le canard	coin coin (schnattern)		
l'âne	hihan hihan (ia-Laute)		

Die Audios sind online: bitte den Zugangscode **ds9g3ea** in das Suchfeld auf www.klett-sprachen.de eingeben.

Aufnahmen

🎵🎵 **Dans la ferme à Mathurin** 🎵🎵
Dans la ferme à Mathurin, i a i a o.
Y a des centaines de moutons, i a i a o.
Y a des bê par-ci, y a des bê par-là,
ya des bê, ya des bê
ya des bê, bê, bê, i a i a o.
2. canards… couacs, couacs, couacs.
3. vaches… meuh, meuh, meuh.
4. abeilles… bzzz, bzzz, bzzz.
5. poules… cot, cot, cot.

Je vais à l'école
Je vais à l'école à pied, BOUM, BOUM.
Je vais à l'école en voiture, TUT, TUT.
Je vais à l'école à vélo, GLING, GLING.
Je vais à l'école en car, TUT, TUT.
Je vais à l'école en bateau, FLOUF, FLOUF.
Je vais à l'école en moto, VROUM, VROUM.
Je vais à l'école en avion, MMMMMM.
Je vais à l'école en fusée, HIIIIIIIII.

Les cris et les bruits

1. Écoutez ces cris d'animaux et associez le cri à l'animal.

en français   **en allemand**

cri	animal
zzzzz	la vache 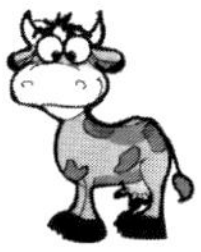
houhou	le serpent 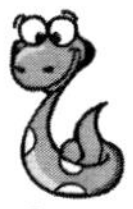
meuh, meuh	l'abeille 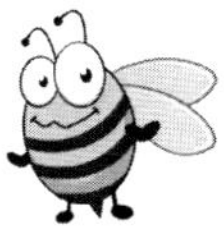
oua, oua, oua	le hibou 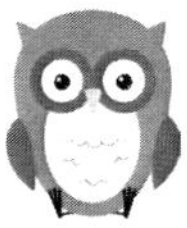
sssssssss	le mouton 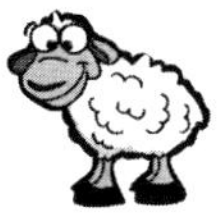
cui cui cui	le chien 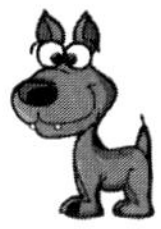
bêê bêê	les oiseaux 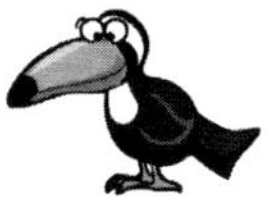
cocorico	le chat 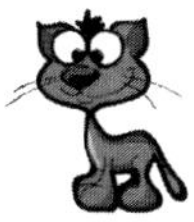
miaou	le coq 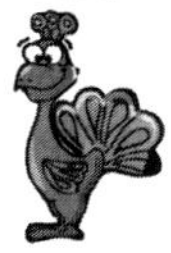
hihan hihan	le canard 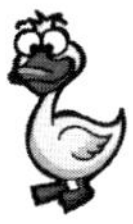
coin coin	l'âne 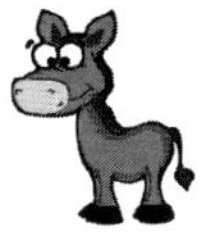

Que font ces animaux en allemand ?

2. Écoutez la comptine « Je vais à l'école ». Écrivez le bruit que vous entendez à côté du dessin correspondant.
   Que font ces moyens de transport en allemand ?

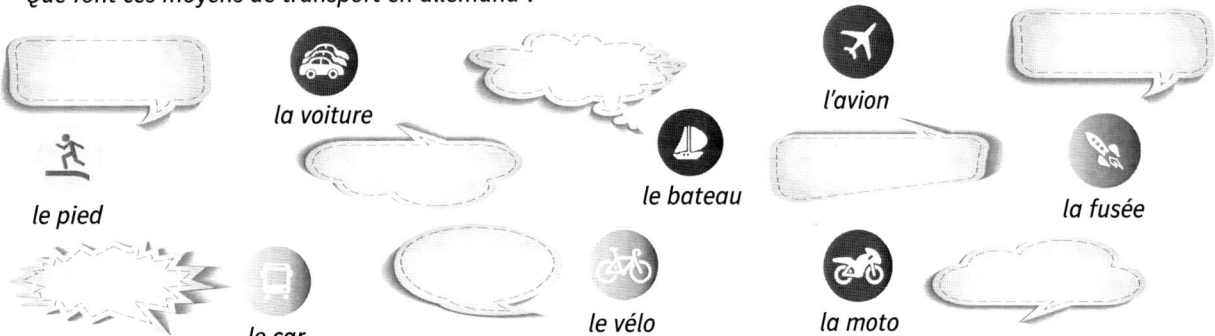

le pied — la voiture — le bateau — l'avion — la fusée — le car — le vélo — la moto

I Les sons – Divers

22. Rébus

A1 A2 B1

Lernziele
- Lauterkennung

Material
KV 20

Verlauf
Ziel des Spiels ist es, den Rebus zu entschlüsseln. Die Lehrperson erklärt den Spielenden, dass in diesem Rebus Wörter versteckt sind, die durch Lesen der Bilder und Buchstaben entschlüsselt werden können. Um das Lesen der Wörter zu erleichtern, wird ein Hinweis gegeben.

Exemple : Tous les enfants y vont : é
Solution : école

Consignes
Quel goupe trouvera le plus vite la solution de ces rébus ?

Aufnahmen

Die Audios sind online: bitte den Zugangscode **ds9g3ea** in das Suchfeld auf *www.klett-sprachen.de* eingeben.

> *Tous les enfants vont à l'**école**. (É + colle)*
> *On passe le bac au **lycée**. (lit + C)*
> *Dans la classe, le professeur écrit au **tableau**. (table + O)*
> *À midi, on mange le **déjeuner**. (dé + je + nez)*
> *Dans les frites, il y a beaucoup de **calories**. (K + L' + eau + riz)*
> *Je vais à l'école en **vélo**. (V + L' + eau)*
> *Victor Hugo a écrit beaucoup de **poèmes**. (pot + M)*
> *On va en boîte pour **danser**. (dent + C)*
> *Tu téléphones avec un **portable**. (port + table)*
> *Tu mets ton argent dans un **porte-monnaie**. (porte + monnaie)*
> *L'**année** commence le 1er janvier. (A + nez)*
> *Il fait froid en **hiver**. (I + verre)*
> *Il fait chaud en **été**. (É + thé)*
> ***Astérix** est un personnage d'une BD française. (as + terre + X)*
> *Pour ton anniversaire, je t'offre un **cadeau**. (K + dos)*

Rébus

Quel groupe trouvera le plus vite la solution de ces rébus ?
   Exemple : Tous les enfants y vont : é 🖋
   Solution : école

Indices	Rébus	Solution
Tous les enfants vont à l'…	É [tube]	
On passe le bac au…	[lit] C	
Dans la classe, le professeur écrit au…	[table] O	
À midi, on mange le…	[dé] je [nez]	
Dans les frites, il y a beaucoup de…	K L' [robinet] [riz]	
Je vais à l'école en…	V L' [robinet]	
Victor Hugo a écrit beaucoup de…	[pot] M	
On va en boîte pour…	[dent] C	
Tu téléphones avec un…	[port] [table]	
Tu mets ton argent dans un…	[porte] [pièces]	
L'… commence le 1er janvier.	A [nez]	
Il fait froid en…	I [verres]	
Il fait chaud en…	É [thé]	
… est un personnage d'une BD française.	[astérisques] [globe] X	
Pour ton anniversaire je t'offre un…	K [dos]	

23. Questions pour un champion

Lernziele
- Ausspracheschulung schwer auszusprechender Wörter

Material
KV 21, 1 Würfel pro Mannschaft

Verlauf
Welche Mannschaft erhält die meisten Punkte? Ziel des Spiels ist es, Wörter in Serien richtig zu lesen: leicht = 10 Punkte / mittel = 20 Punkte oder schwer = 50 Punkte. Abwechselnd wählt ein Mannschaftsmitglied eine Serie aus: leicht / mittel / schwer. Die Mannschaft würfelt. Die Würfelzahl zeigt die auszuwählende Wortserie an.

> *Beispiel : Je choisis la série facile. Le dé indique 6, c'est-à-dire le mot : bonsoir.*

Wurde das Wort bereits gelesen, wird nochmals gewürfelt und es wird die zweite Zahl dazugezählt. Z. B. bei einer gewürfelten 6 und 2 ergibt sich 8.
Ist die Aussprache des Wortes richtig, erhält der Spieler die entsprechenden Punkte. Dann ist die andere Mannschaft dran.

Consignes
Quelle équipe obtiendra le plus grand nombre de points ?
Le but du jeu est de lire correctement des mots parmi les séries :
facile = 10 points / moyen = 20 points ou difficile = 50 points.
À tour de rôle, un membre de chaque équipe choisit une série : facile / moyen / difficile.
Il lance le dé. Le dé indique le numéro du mot de la série choisie.

> *Exemple : Je choisis la série facile. Le dé indique 6, c'est-à-dire le mot à lire : bonsoir.*

Si le mot a déjà été lu, on relance le dé et on additionne les 2 coups. Par exemple, le dé indique 6 et ensuite 2 ; ça fait 8.
Si la prononciation du mot est correcte, le joueur obtient les points correspondants et c'est à l'autre équipe de jouer.

Aufnahmen

Die Audios sind online: bitte den Zugangscode **ds9g3ea** in das Suchfeld auf *www.klett-sprachen.de* eingeben.

A1
> *Série : facile*
> *le soleil, le travail, les livres, le voisin, le gâteau, bonsoir, la chaise, le garçon, génial, jeudi, Internet, ils chantent*

A2
> *Série : moyen*
> *le fils, la fille, le crayon, vieille, le maïs, la signature, les vacances, la civilisation, le poison*

B1
> *Série : difficile*
> *la ratatouille, l'égoïsme, l'hypothèse, la symphonie, l'écureuil, accueillir, l'archéologie, un pseudonyme, l'héroïne, l'architecte*

Questions pour un champion

	Facile : 5 points	Moyen : 20 points	**Difficile : 50 points**
1	le soleil	l'œil	**la grenouille**
2	le travail	les yeux	**le symbole**
3	les livres	le quartier	**la ratatouille**
4	le voisin	le fils	**l'égoïsme**
5	le gâteau	la fille	**l'hypothèse**
6	bonsoir	le crayon	**la symphonie**
7	la chaise	vieille	**l'écureuil**
8	le garçon	le maïs	**accueillir**
9	génial	la signature	**l'archéologie**
10	jeudi	les vacances	**un pseudonyme**
11	Internet	la civilisation	**l'héroïne**
12	ils chantent	le poison	**l'architecte**

I Les sons – Divers

24. Les homonymes

Lernziele
- Homonyme

Material
KV 22 oder die Wörter an die Tafel schreiben

Verlauf
Die Lerperson erklärt den Spielenden, was ein Homonym ist, und gibt ein Beispiel: Die Zahl 20 und das Getränk Wein: *vingt / le vin*. Die Spieler sollen in PA weitere Homonyme finden. Dann bilden die Spieler mit den gefundenen Homonymen Sätze.
Für das Niveau B2 kann das Gedicht von Maurice Carême gelesen und unbekannter Wortschatz erklärt werden. Dann sollen die Spieler nach diesem Modell weitere kurze Gedichte mit Homonymen verfassen und laut vorlesen.

Consignes
À deux, discutez entre vous pour relier les homonymes.
Faites des phrases contenant deux homonymes.
Qui fera les phrases les plus amusantes ?
Lisez vos phrases à votre groupe.

En prenant comme modèle le poème de Maurice Carême, écrivez quelques vers avec des homonymes.
   « Il y a ....

Aufnahmen

A2 B1 B2

B2

Die Audios sind online: bitte den Zugangscode **ds9g3ea** in das Suchfeld auf *www.klett-sprachen.de* eingeben.

a.

le père	la paire	Thierry est le père d'Éric. / Voilà une paire de chaussures.
la Seine	la scène	La Seine est un fleuve. / La scène de ce théâtre est petite.
vert	un verre	Le vert est une couleur. / Je bois dans un verre.
100	sans	100 est un chiffre. / Sans est le contraire de « avec ».
la cour	le cours	La cour de récréation. / Le cours de français.
le vin	vingt	Je préfère le vin rouge. / 20 est un chiffre.
Jean	les gens	Jean est un prénom. / Il y a des gens dans la rue.
moi	le mois	Pour moi, un café, s'il vous plaît. / Le mois de janvier a 31 jours.
je lis	le lit	Je lis un livre. / Je dors dans un lit.
un bal	une balle	Je vais au bal pour danser. / Une balle est un petit ballon.

b. Propositions de phrases :
Vous faites une fête dimanche ? C'est vrai ?
Dans le jardin de ta tante, il y a une tente. Qu'est-ce qui se passe ?
Quand vas-tu à Caen ?
Dans un mois, moi, je pars en vacances. Et toi ?
On entend dans ce champ le chant des grillons. Tu entends ?
Achète dix bouteilles de cidre et vingt de vin.
Prends le verre vert. Tu l'as trouvé ?
Tous les soirs, je lis au lit. Et toi ?

c. *Homonymes* – Poème de Maurice Carême

Les homonymes

a. Reliez entre eux les homonymes et traduisez-les.

a. le père	1. sans
b. la Seine	2. une paire
c. vert	3. 20
d. 100	4. les gens
e. la cour	5. la scène
f. le vin	6. un verre
g. Jean	7. le cours
h. moi	8. le lit
i. je lis	9. le mois
j. un bal	10. une balle

b. À deux, faites des phrases contenant deux homonymes. Lisez vos phrases à votre groupe. Qui fera les phrases les plus amusantes ?

c. Homonymes – Poème de Maurice Carême

> Maurice Carême, 1899–1978
> poète belge francophone, très connu pour ses poésies pour enfants.

HOMONYMES
Il y a le vert du cerfeuil
Et il y a le ver de terre.
Il y a l'endroit et l'envers,
L'amoureux qui écrit en vers,
Le verre d'eau plein de lumière,
La fine pantoufle de vair
Et il y a moi, tête en l'air,
Qui dis toujours tout de travers.

Maurice Carême
Le mât de cocagne
© Fondation Maurice Carême

En prenant comme modèle le poème de Maurice Carême, écrivez quelques vers avec des homonymes.

« Il y a ………

25. Les virelangues

Lernziele
- Artikulation, Sprachflüssigkeit

Material
–

Verlauf
Einer der unten stehenden Sätze wird an die Tafel geschrieben. Dieser wird zunächst langsam, dann schnell vorgelesen. In Gruppen wird der Satz dann wiederholt und dann nacheinander einzeln und immer schneller. Lachen ist vorprogrammiert! Die Lehrperson kontrolliert, ob die Aussprache korrekt ist.

Consignes
Qui répétera cette phrase correctement ?
Et de plus en plus vite ?

Aufnahmen

Virelangues !

Die Audios sind online: bitte den Zugangscode **ds9g3ea** in das Suchfeld auf *www.klett-sprachen.de* eingeben.

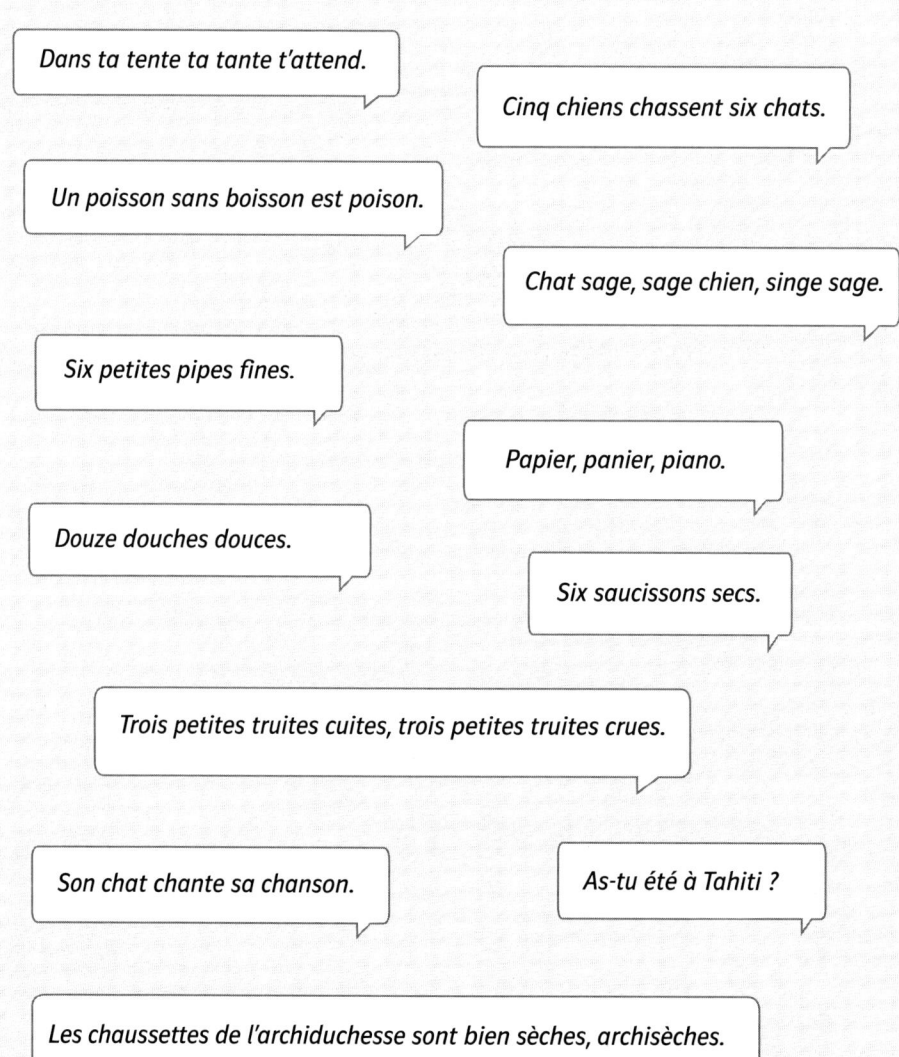

Dans ta tente ta tante t'attend.

Cinq chiens chassent six chats.

Un poisson sans boisson est poison.

Chat sage, sage chien, singe sage.

Six petites pipes fines.

Papier, panier, piano.

Douze douches douces.

Six saucissons secs.

Trois petites truites cuites, trois petites truites crues.

Son chat chante sa chanson.

As-tu été à Tahiti ?

Les chaussettes de l'archiduchesse sont bien sèches, archisèches.

I Les sons – Divers

26. Atelier : virelangues !

Lernziele
- Artikulation, Sprachflüssigkeit, Freude am Sprechen und der Lautschulung entwickeln

A1 A2 B1

Material
–

Verlauf
a. Es werden Wörter gesucht, deren Laute sich mit *moi / huit / cinq* reimen.
b. Nach dem vorliegenden Modell *"douze douches douces"* werden weitere Zungenbrecher gesucht.
c. Die Zungenbrecher werden laut vorgelesen und von den anderen Spielern wiederholt.

Consignes
Cherchez des mots qui riment avec :
  moi
  huit
  cinq
Composez vos virelangues sur le modèle suivant : douze douches douces !
Lisez-les devant la classe et faites les répéter par d'autres joueurs.

Aufnahmen

> *a. Les mots qui riment :*
> *moi : toi, mois, trois, trente-trois, (poire, noir, soir)*
> *huit : dix-huit, vingt-huit, nuit, cuit, (fruit, bruit)*
> *cinq : cinquante-cinq, dessin, jardin, incroyable, intéressant, insolite, (peintre)*

Die Audios sind online: bitte den Zugangscode **ds9g3ea** in das Suchfeld auf *www.klett-sprachen.de* eingeben.

> *b. Pour le plaisir !*
> | | |
> |---|---|
> | *trois mois avec toi* | *((de plus en plus vite))* |
> | *cent trois poires noires* | *((de plus en plus vite))* |
> | *huit fruits cuits* | *((de plus en plus vite))* |
> | *trente-huit bruits dans la nuit* | *((de plus en plus vite))* |
> | *cinq jardins incroyables* | *((de plus en plus vite))* |
> | *cinquante-cinq dessins insolites* | *((de plus en plus vite))* |

II La phrase – Les liaisons

A1   A2   B1

27. Le trio des liaisons

Lernziele
- Liaison / keine Liaison
- h aspiré

Material
KV 23

Verlauf
Es werden 2 Mannschaften mit je 3 Personen gebildet. Die Tabelle mit den 9 Wörtern wird an die Tafel geschrieben. Ziel des Spiels ist es, 3 richtige Antworten in horizontaler, vertikaler und diagonaler Richtung zu finden. Nacheinander wählt jede Mannschaft ein Spielfeld aus, liest den Text mit der ggf. notwendigen Liaison vor. Es wird abwechselnd gespielt.
Wenn die Aussprache richtig ist, mit oder ohne Liaison, erhält die jeweilige Mannschaft einen Punkt und markiert das Spielfeld entweder mit einem Kreuz (Mannschaft 1) oder einem Kreis (Mannschaft 2). Die Spieler korrigieren sich gegenseitig.

Consignes
À tour de rôle, chaque équipe choisit une case et lit le texte.
À chaque tour, changez de joueur.
Si la prononciation est correcte, c'est-à-dire avec ou sans la liaison comme il se doit, l'équipe remporte un point et marque la case soit avec une croix pour l'équipe 1, soit avec un cercle pour l'équipe 2.
Le but du jeu est d'obtenir 3 bonnes réponses horizontalement, verticalement ou diagonalement.

Die Audios sind online: bitte den Zugangscode **ds9g3ea** in das Suchfeld auf *www.klett-sprachen.de* eingeben.

Aufnahmen

1.
Liaisons : des_arbres, quand_il (prononcé : quant_il), deux_oranges, mon_ami, en_Italie, un_appartement, des_îles, ils_ont
Pas de liaison : et ensuite

2.
Liaisons : des_exemples, trois_heures, dans_un mois, nous_avons, très_important, cet_enfant, vos_amis
Pas de liaison : alors il, comment est-il ?

3.
Liaisons : les_heures, en_hiver, les_habitants, il_est_heureux, un_hôpital, les_hommes
Pas de liaison : en haut, un héros, trois haltes

4.
Liaisons : des_histoires, les_hôtels, trois_heures, c'est_horrible, des_habitudes, des_horaires, des fines_herbes
Pas de liaison : les haricots, les hors-d'œuvre

B1

5.
Liaisons : ils sont_allés à Paris, mon petit_ami, nous vous_écoutons, des_enfants_intelligents, vingt_euros, très_heureux
Pas de liaison : un enfant intelligent, comment est-il ? tu manges un abricot

Le trio des liaisons

1. Liaison ou pas de liaison ?

des arbres	*quand il part*	*et ensuite*
deux oranges	*mon ami*	*en Italie*
un appartement	*des îles*	*ils ont*

2.

des exemples	trois heures	dans un mois
nous avons	alors il m'a dit	très important
cet enfant	vos amis	comment est-il ?

3. Mots commençant avec le H : liaisons ou pas de liaisons ?

les heures	**en hiver**	**en haut**
les habitants	**un héros**	**il est heureux**
un hôpital	**les hommes**	**trois haltes**

4.

des histoires	les haricots	les hôtels
trois heures	c'est horrible	des habitudes
les hors-d'œuvre	des horaires	des fines herbes

5.

Ils sont allés à Paris	mon petit ami	nous vous écoutons
un enfant intelligent	comment est-il ?	des enfants intelligents
vingt euros	tu manges un abricot	très heureux

II La phrase – Les liaisons

28. L'écho

Lernziele
- Schulung der Liaison
- Intonation bei Fragen und Ausrufen
- Schulung der Sprachflüssigkeit

A1   A2   B1

Material
–

Verlauf
Es werden Sätze durch Echolesen wiederholt und dann auswendig nachgesprochen.

Consignes
Répétez comme un écho…

Aufnahmen

Die Audios sind online: bitte den Zugangscode **ds9g3ea** in das Suchfeld auf *www.klett-sprachen.de* eingeben.

```
1
C'est à qui de jouer ?    C'est à qui de jouer ?    C'est à qui de jouer ?
C'est à qui ?
C'est à toi ?
Non, c'est à moi !
```

```
2
Vous êtes où ?    Vous êtes où ?    Vous êtes où ?
On est là.
Vous êtes fatigués ?
Vous avez faim ?
Oui, on a faim.
Ils ont soif ?
Entrez par ici.
```

```
3
Tu es très élégant !    Tu es très élégant !    Tu es très élégant !
Vous allez où ?
On va en Autriche.
On voyage en auto.
Viens avec ton ami.
C'est impossible…
Alors à demain ?
C'est entendu !
```

II La phrase – Les liaisons

29. Écoutez et dessinez : 5, 6, 8, 10, 20 ou tous !

A1 A2 B1

Lernziele
- Aussprache von : *cinq, six, huit, dix, vingt,* oder *tous* vor einem Wort
- Liaison

Material
KV 24 wird an jeden Mitspieler verteilt

Verlauf
Ziel des Spiels ist es, die Aussprache verschiedener Zahlen vor einem Folgewort zu erkennen. Vor Spielbeginn werden die Regeln erklärt und das Hördokument vorgespielt. Dann beginnt das Spiel : Die Spieler sollen eine Ziffer mit zwei verschiedenartigen Betonungen erraten. Die gehörten Wörter werden verbunden. Am Ende erhalten sie eine Zeichnung: Einen Pfeil.

Consignes
Vous allez écouter des chiffres qui peuvent avoir plusieurs prononciations.
Laquelle avez-vous entendue ?
Reliez les mots que vous entendez.
Qu'avez-vous dessiné ?

Aufnahmen

Die Audios sind online: bitte den Zugangscode **ds9g3ea** in das Suchfeld auf *www.klett-sprachen.de* eingeben.

a. Lecture
cinq / cinq chevaux / cinq ours
six / six chats / six oiseaux
huit / huit chiens / huit éléphants
neuf / neuf souris / neuf ans
dix / dix poissons / dix abeilles
vingt / vingt girafes / vingt agneaux
tous / vous tous / tous les animaux

b. Le jeu
Écoutez et reliez les chiffres et mots que vous avez entendus.

huit heures
cinq minutes
six élèves
neuf pages
le dix juin
vingt kilomètres
je vous invite tous

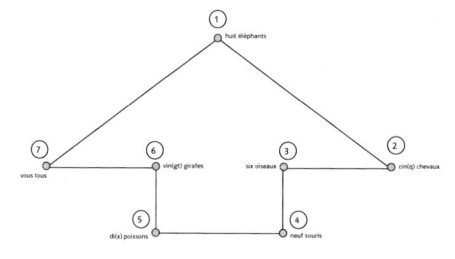

Écoutez et dessinez : 5, 6, 8, 10, 20 ou tous !

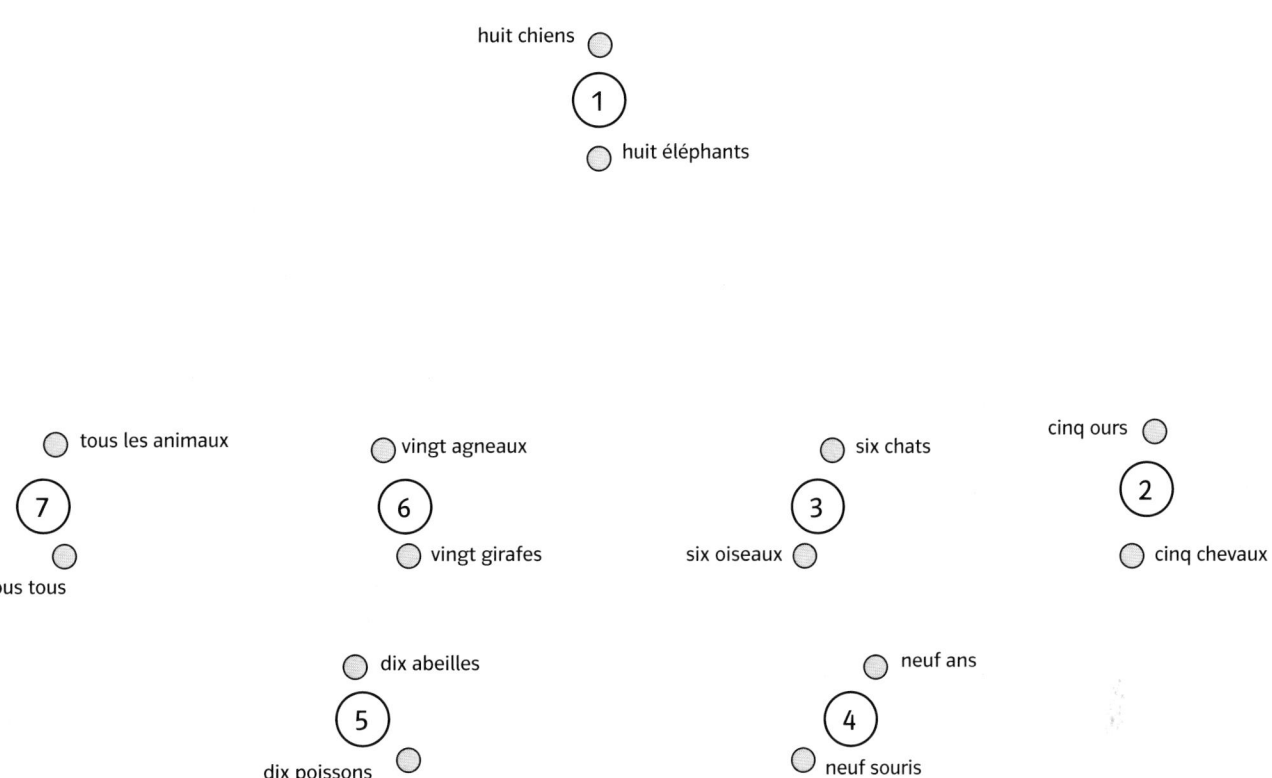

Écoutez et dessinez : 5, 6, 8, 10, 20 ou tous !

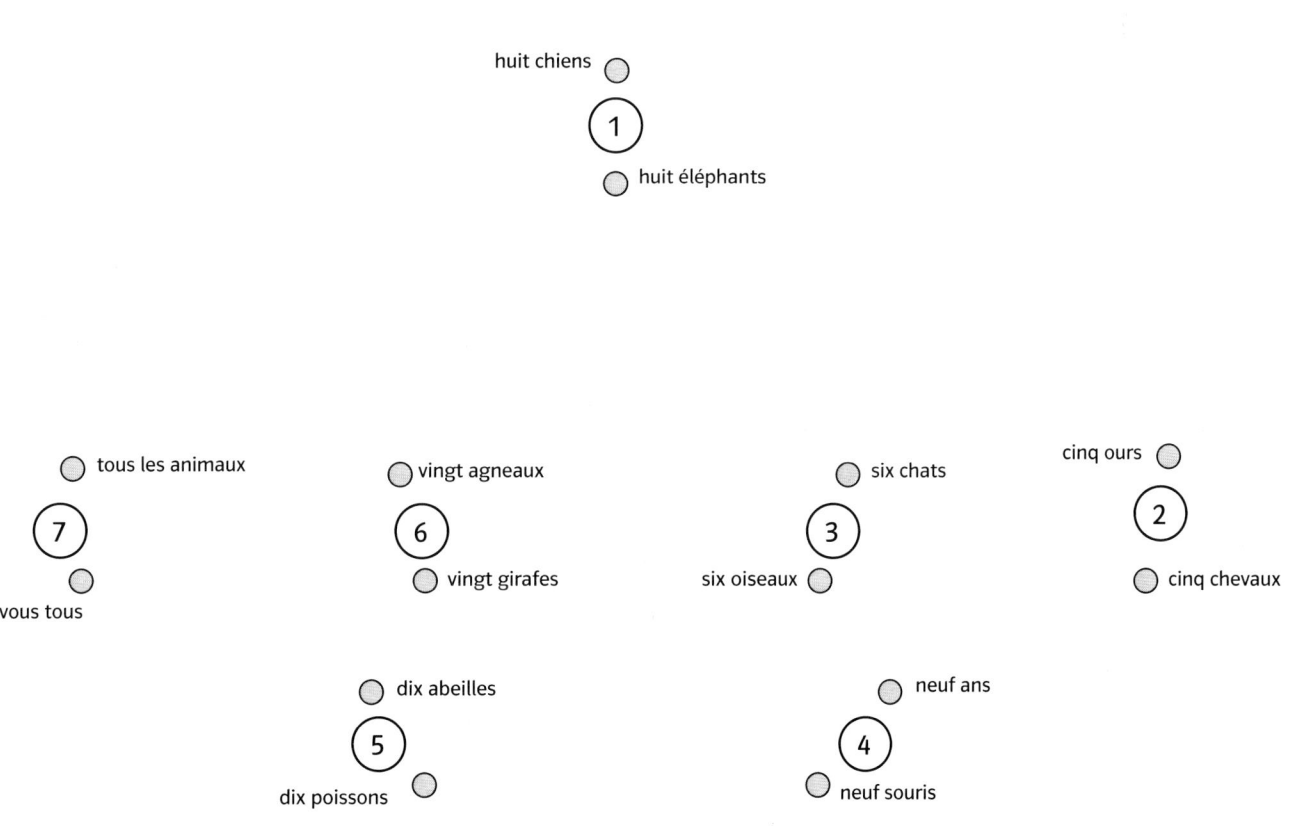

II La phrase – Les liaisons

30. La dictée à deux

Lernziele
- Liaison
- Sprachflüssigkeit

Material
KV 25

Verlauf
Zunächst wird ein Partnerdiktat durchgeführt. Abwechselnd kommt ein Schüler zum Lehrerpult nach vorne um einen Satz des Textes zu lesen. Der Schüler lernt den Satz auswendig, um ihn dann am Platz seinem Nachbarn zu diktieren. Die Liaison muss gemacht werden.
Die Spieler erfinden den Fortgang der Geschichte. Dazu werden von der Lehrperson einige Wörter eingeführt: *heureux / admirer / une œuvre / applaudir / offrir…*
Dann wird der Text mit anderem Tonfall gelesen: fröhlich, traurig, überrascht… Diese Texte werden von den Gruppen laut im Plenum vorgelesen.

Consignes

a. À tour de rôle, un des joueurs se déplace jusqu'au bureau pour lire une ligne du texte.
   Il l'apprend par cœur pour pouvoir la dicter à son voisin.
   Faites bien les liaisons !

b. Imaginez la suite puis entraînez-vous à lire, à deux, ce texte de différentes manières.
   D'abord d'un air très gai, ensuite avec ironie puis avec fatigue.

Aufnahmen

Die Audios sind online: bitte den Zugangscode **ds9g3ea** in das Suchfeld auf *www.klett-sprachen.de* eingeben.

> C'est une journée magnifique. Il est trois heures de l'après-midi.
> Anne Leclerc est artiste. Elle nous invite à visiter son atelier.
> « Vous êtes en forme pour la visite ?
> Mon atelier est au 6ème étage sans ascenseur ! »
> De chez elle, on a une vue splendide sur Paris.
>
> IMAGINEZ LA SUITE…

La dictée à deux

À tour de rôle, un de vous vient au bureau lire une ligne. Il l'apprend par cœur puis la dicte à son voisin. Attention aux liaisons !
Imaginez la suite puis entraînez-vous à lire en duo ce texte. Interprétez-le d'un air très gai, puis avec ironie, puis avec fatigue.

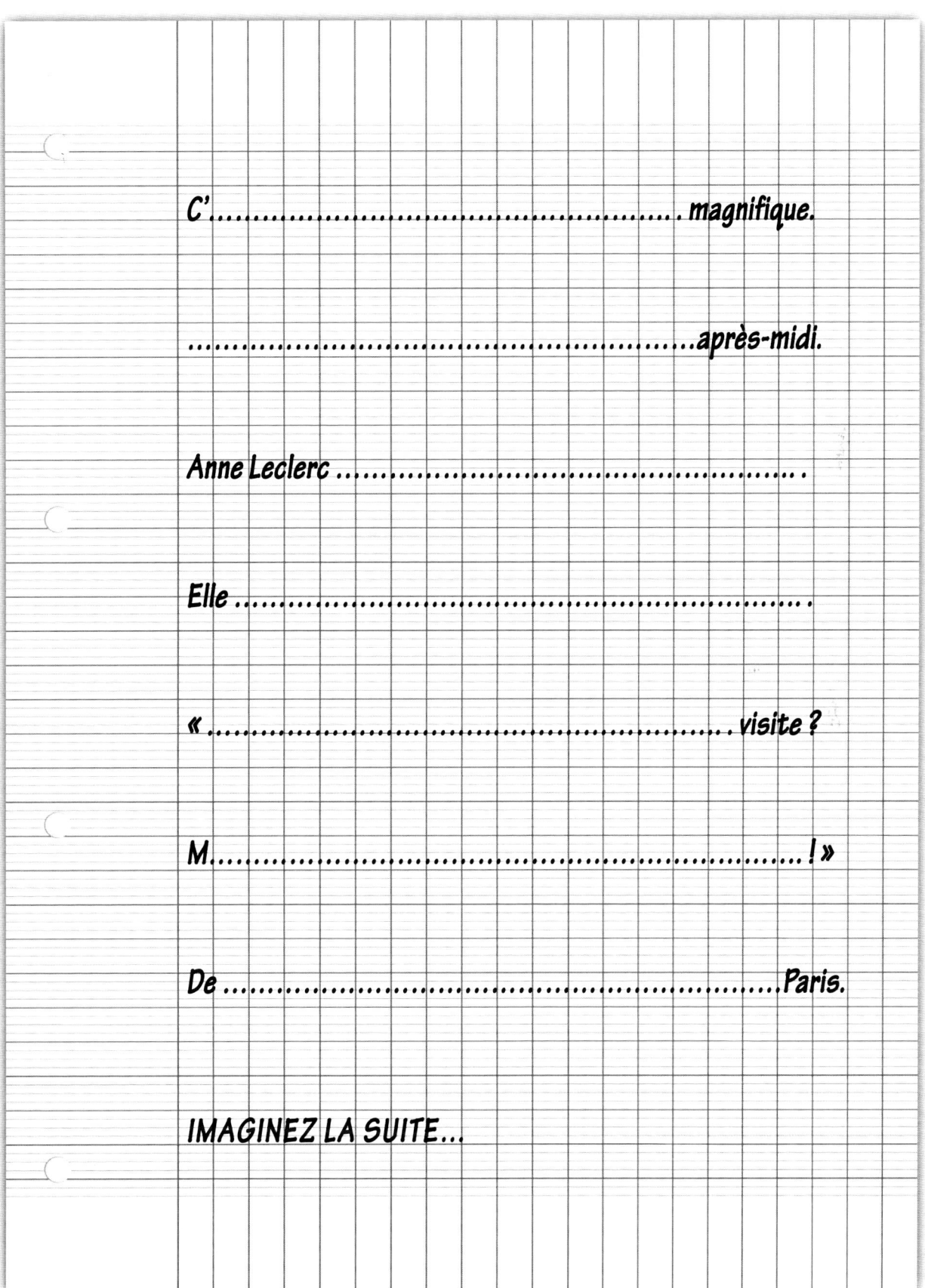

C'... magnifique.

....après-midi.

Anne Leclerc ....

Elle ....

« .... visite ?

M... ! »

De ....Paris.

IMAGINEZ LA SUITE...

II La phrase – L'intonation

31. *Poème à mon frère blanc*

A1   A2   B1

Lernziele
- Intonationsschulung beim Aussagesatz (Hebung und Senkung)
- Sprachflüssigkeit: Schulung und Motivation der Lesekompetenz

Material
KV 26

Verlauf
a. Das Gedicht wird vorgestellt und gelesen. Das Verständnis wird mit der Lehrperson überprüft.
b. Die Spieler üben das Lesen in PA.
　　　Beispiel:　*Quand je suis né,* (steigende Intonation)
　　　　　　　　j'étais noir (fallende Intonation)
c. In Kleingruppen soll eine Inszenierung für dieses Gedicht erarbeitet werden. Z. B. mit Chorsprechern für den Beginn und das Ende des jeweiligen Verses (2 oder 3 Personen für jede Farbe im Gedicht).

Consignes
a. Lisez, chacun pour soi, ce poème.
b. Entraînez-vous à le lire en duo en marquant bien l'intonation de chaque phrase.
　　　Exemple :　Quand je suis né, (intonation montante)
　　　　　　　　j'étais noir (intonation descendante)
c. En petits groupes, cherchez une mise en scène pour réciter ce poème.
　　Par exemple, avec un narrateur pour commencer les phrases et pour les finir des choristes (2 ou 3 personnes) pour chaque couleur.

Aufnahmen

Die Audios sind online: bitte den Zugangscode **ds9g3ea** in das Suchfeld auf *www.klett-sprachen.de* eingeben.

> *Poème à mon frère blanc (Poème anonyme africain)*
>
> *Quand je suis né, j'étais noir.*
> *Quand j'ai grandi, j'étais noir.*
> *Quand je vais au soleil, je suis noir.*
> *Quand je suis malade, je suis noir.*
> *Quand je mourrai, je serai noir…*
>
> *Tandis que toi, homme blanc,*
> *Quand tu es né, tu étais rose.*
> *Quand tu as grandi, tu étais blanc.*
> *Quand tu vas au soleil, tu es rouge.*
> *Quand tu as froid, tu es bleu.*
> *Quand tu as peur, tu es vert.*
> *Quand tu es malade, tu es jaune.*
> *Quand tu mourras, tu seras gris…*
>
> *Alors, de nous deux,*
> *Qui est l'homme de couleur ?*

Poème à mon frère blanc

a. Lisez, chacun pour soi, ce poème.

b. Entraînez-vous à le lire en duo en marquant bien l'intonation de chaque phrase.

Exemple :   Quand je suis né, (intonation montante)
            j'étais noir (intonation descendante)

En petits groupes, cherchez une mise en scène pour réciter ce poème.
Par exemple, avec un narrateur pour commencer les phrases et pour les finir des choristes (2 ou 3 personnes) pour chaque couleur.

Poème à mon frère blanc

Quand je suis né, j'étais noir.
Quand j'ai grandi, j'étais noir.
Quand je vais au soleil, je suis noir.
Quand je suis malade, je suis noir.
Quand je mourrai, je serai noir…

Tandis que toi, homme blanc,
Quand tu es né, tu étais rose.
Quand tu as grandi, tu étais blanc.
Quand tu vas au soleil, tu es rouge.
Quand tu as froid, tu es bleu.
Quand tu as peur, tu es vert.
Quand tu es malade, tu es jaune.
Quand tu mourras, tu seras gris…

Alors, de nous deux,
Qui est l'homme de couleur ?

II La phrase – L'intonation

32. *Chanson pour les enfants – L'hiver* de Jacques Prévert

A1 A2 B1

Lernziele
- Schulung der Satzintonation; rhythmische Gruppenarbeiten, Punktuation
- Wiederholung: Liaison, stummes *e*
- Sprachflüssigkeit

Material
KV 27

Verlauf
Den Spielern wird erklärt, dass die Punktuation eine Hilfe für die Lektüre eines Textes ist. Kommas trennen Wortgruppen und ermöglichen Verschnaufpausen. Das vorliegende Gedicht hat keine Punktuation wie es häufig der Fall in modernen Gedichten ist.

Der Autor Jacques Prévert wird vorgestellt. Dann wird ein Brainstorming zum Themenfeld des Gedichts gemacht. Das Gedicht wird angehört und das Verständnis wird überprüft. Dann sollen die Schüler den Vortrag des Gedichtes üben und sich dazu eine Punktuation überlegen.

Consignes
Quand vous pensez à l'hiver, vous pensez à quoi ? À quels mots ? La neige…
Écoutez la chanson.
L'auteur, Jacques Prévert, n'a pas indiqué de ponctuation.
Préparez la lecture de cette chanson en mettant une ponctuation puis entraînez-vous à la lire.

Aufnahmen

Die Audios sind online: bitte den Zugangscode **ds9g3ea** in das Suchfeld auf *www.klett-sprachen.de* eingeben.

♪♪♪♪♪ **Chanson pour les enfants – L'hiver** de Jacques Prévert ♪♪♪♪♪

Dans la nuit de l'hiver
galope un grand homme blanc
galope un grand homme blanc

C'est un bonhomme de neige
avec une pipe en bois
un grand bonhomme de neige
poursuivi par le froid

Il arrive au village
il arrive au village
voyant de la lumière
le voilà rassuré

Dans une petite maison
il entre sans frapper
Dans une petite maison
il entre sans frapper
et pour se réchauffer
et pour se réchauffer
s'assoit sur le poêle rouge
et d'un coup disparaît
ne laissant que sa pipe
au milieu d'une flaque d'eau
ne laissant que sa pipe
et puis son vieux chapeau…

Jacques Prévert, *Histoires et d'autres histoires*, © Éditons Gallimard

Chanson pour les enfants – L'hiver de Jacques Prévert

Jacques Prévert (1900–1977)
Poète et scénariste, il participe au mouvement surréaliste. Grâce à son langage familier et à ses jeux de mots, il devient très populaire.

Quand vous pensez à l'hiver, vous pensez à quoi ? À quels mots ? La neige…
Écoutez la chanson.
L'auteur, Jacques Prévert, n'a pas indiqué de ponctuation.
Préparez la lecture de cette chanson en mettant une ponctuation puis entraînez-vous à la lire.

Chanson pour les enfants – *L'hiver* de Jacques Prévert

dans la nuit de l'hiver
galope un grand homme blanc
c'est un bonhomme de neige
avec une pipe en bois
un grand bonhomme de neige
poursuivi par le froid
il arrive au village
voyant de la lumière
le voilà rassuré
dans une petite maison
il entre sans frapper
et pour se réchauffer
s'assoit sur le poêle rouge
et d'un coup disparaît
ne laissant que sa pipe
au milieu d'une flaque d'eau
ne laissant que sa pipe
et puis son vieux chapeau

Jacques Prévert, *Histoires et d'autres histoires*, © Éditons Gallimard

II La phrase – L'intonation

33. Jeu de cartes : Erreur d'étiquettes !

A1   A2

Lernziele
- Intonationsschulung bei Frage und Antwort

Material
KV 28

Verlauf
Ziel des Spiels ist es, die steigende Intonation bei einer Frage und die fallende Intonation in der Antwort auseinanderhalten zu können.
Das Spiel hat 15 Karten: Auf jeder Karte ist eine Person mit einem Namensschild abgebildet. Die Namensschilder sind jedoch durcheinandergeraten. Abwechselnd nehmen die Spieler eine Karte und fragen ihren Nachbarn nach der Person, die auf dem Namensschild abgebildet ist. Der Nachbar deckt den Fehler auf.

Exemple de dialogue : – *C'est Peter Pan ? (intonation montante)*
– *Non, c'est une jeune fille ! (intonation descendante).*

Consignes
Il y a des erreurs d'étiquettes sur vos cartes !
À tour de rôle, prenez une carte et demandez à votre voisin ce qui est représenté sur cette carte.
Votre voisin vous répond.

Par exemple, pour la carte 1 :
– *C'est Peter Pan ? (intonation montante)*
– *Non, c'est une jeune fille. (intonation descendante).*

Die Audios sind online: bitte den Zugangscode **ds9g3ea** in das Suchfeld auf *www.klett-sprachen.de* eingeben.

Aufnahmen

1. – C'est Peter Pan ?
– Non, c'est une jeune fille.
2. – C'est Lucky Luke ?
– Non, c'est Napoléon.
3. – C'est Napoléon ?
– Non, c'est un acteur.
4. – C'est l'Arc de triomphe ?
– Non, c'est la tour Eiffel.
5. – C'est un miroir ?
– Non, c'est une glace.
6. – C'est le président de la République ?
– Non, c'est le père Noël.
7. – C'est le père Noël ?
– Non, c'est le président de la République.
8. – C'est Marianne ?
– Non, c'est Blanche-Neige.
9. – C'est un rat ?
– Non, c'est une chanteuse.
10. – C'est la Joconde ?
– Non, ce n'est pas la Joconde.
– Non, c'est Picasso.
11. – C'est en Provence ?
– Non, c'est en Bretagne.
12. – Il est français ?
– Non, il est américain.
13. – C'est Astérix ?
– Non, c'est une vieille dame.
14. – C'est un tigre ?
– Non, c'est un chat.
15. – C'est un poisson ?
– Non, c'est une pomme.

Jeu de cartes : Erreurs d'étiquettes !

II La phrase – L'intonation

34. L'écho

Lernziele
- Intonationsschulung bei Fragen und Antworten
- Kompetenzschulung bei der Sprachflüssigkeit
- Motivation beim Sprechen

Material
–

Verlauf
Es werden Sätze mit Echosprechen wiederholt.

Consignes
Répétez comme un écho…

Aufnahmen

Die Audios sind online: bitte den Zugangscode **ds9g3ea** in das Suchfeld auf *www.klett-sprachen.de* eingeben.

> *Ça va ?* *Ça va ?* *Ça va ?*
> *Tu viens ?*
> *Allez, on y va.*
> *Tu te dépêches ?*
> *Il pleut.*
> *On prend le bus.*
> *Pardon ?*
> *C'est difficile ?*
> *Tu es malade.*
> *C'est fini !*
> *Ça y est ?*
> *Pourquoi pas ?*
> *À demain !*
> *D'accord !*

II La phrase – L'intonation

35. Devinez à qui je pense !

Lernziele
- Schulung der Intonation in Fragen

A1   A2

Material
–

Verlauf
Ziel dieses Spiels ist es, den Unterschied bei der Intonation zwischen einer Frage und einer Antwort zu erkennen. Spieler A denkt an eine Person. Der andere / die anderen Spieler stellen Spieler A Fragen um zu erraten, um wen es sich handelt. Spieler A antwortet nur mit ja oder nein.

Variante
Es wird eine Sache oder ein Gegenstand erraten.

Consignes
Un de vous pense à une personne.
Posez-lui des questions pour deviner à qui il pense.
Il ne répond que par oui ou non.
Attention à l'intonation des questions.

II La phrase – L'intonation

A1   A2

36. Situations à mimer

Lernziele
- Kompetenzschulung der Intonation bei Fragen

Material
KV 29

Verlauf
Ein Spieler A ahmt eine Situation nach. Die anderen Spieler stellen Fragen, um die Situation zu erraten. Der Spieler A antwortet nur mit ja oder nein. Hier wird die Frage in einem gesamten Satz wiederholt.

Consignes
Un joueur mime une situation.
Les autres posent des questions pour deviner.
Le joueur ne répond que par oui ou non mais en faisant des phrases complètes

Situations à mimer

Un joueur mime une situation.
Les autres posent des questions pour deviner.
Le joueur ne répond que par oui ou non mais en faisant des phrases complètes.

1.
Tu promènes ton chien tranquillement. Tout à coup, ton chien voit un autre chien et il court vers lui. Il t'entraîne. Tu le calmes.

2.
Tu es au supermarché. Tu pousses ton caddy. Tu t'arrêtes pour regarder un produit. Quand tu te retournes, ton caddy n'est plus là.

3.
Tu es en vélo. Tu roules très vite parce que tu es en retard.
Tu entends un bruit derrière toi. Tu regardes. Tu vois que ton sac est tombé. Arrête-toi pour le ramasser.

4.
Tu achètes un croissant. Au moment de payer, tu cherches ton porte-monnaie. Tu ne le trouves pas.

5.
Tu es dans le bus. Tu discutes avec tes copains. Tout à coup, tu vois qu'on est arrivé à la station où tu dois descendre. Mais le bus est en train de repartir. Fais des signes au chauffeur.

II La phrase – L'intonation

37. Chez les Lambert

A1 A2 B1

Lernziele
- Kompetenzschulung bei Fragen, Antworten und Ausrufen
- Liaison
- Kompetenzschulung beim Sprechen: Sprechflüssigkeit und Intonation

Material
KV 30

Verlauf
Es handelt sich um einen Ausschnitt aus der Klett-Lektüre *La bande à Frédo*. Das Spiel wird präsentiert. Damit sich die Teilnehmer in die Rollen einfinden können, sollen sie zunächst über ihre eigenen Erfahrungen sprechen.
Vor Beginn der Gruppenarbeiten wird das Lesen, mit Verweis auf die Liaison, der Textpassage geübt.

Consignes
En groupes de 3 personnes, lisez cette conversation et continuez-la.
Chacun ajoute 2 phrases ou plus.
Mettez-vous dans la peau des personnages...
Quel groupe fera la meilleure lecture de ce passage ?

Aufnahmen

Die Audios sind online: bitte den Zugangscode **ds9g3ea** in das Suchfeld auf *www.klett-sprachen.de* eingeben.

Chris	Bonjour, m'man !
Mme Lambert	Bonjour les enfants ! Ça va ?
Patrick	Bof... Ouais, ça peut aller.
Mme Lambert	Qu'est-ce qu'il y a ? Tu n'as pas l'air en forme ! Tu ne vas pas bien ?
Patrick	Si, si, ça va…
Chris	Patrick a le moral à zéro, c'est ça qui va pas. La vie en banlieue, c'est pas assez bien pour Monsieur.
Patrick	Et tu trouves ça drôle, toi, ici ? On a perdu tous nos copains, on habite dans des blocs en béton, y a pas un arbre dans tout le quartier…
Mme Lambert	Je suis d'accord avec toi, Patrick ; en ce moment, la vie est un peu difficile, pour nous ; mais il faut essayer de l'accepter.
Chris	De toute façon, t'as pas le choix.
Mme Lambert	Ton père a choisi de venir travailler ici, et je crois qu'il a bien fait.
Patrick	Ça, c'est pas sûr

Chez les Lambert

La bande à Frédo

Résumé :
La famille Lambert vient de déménager. Ils ont quitté la campagne pour s'installer dans la banlieue de Paris. Les enfants parlent avec leur mère de leurs premières impressions.

En groupes de 3 personnes, lisez cette conversation et continuez-la.
Chacun ajoute 2 phrases ou plus.
Mettez-vous dans la peau des personnages…
Quel groupe fera la meilleure lecture de ce passage ?

Attention aux liaisons !

Chris	Bonjour, m'man !
Mme Lambert	Bonjour les enfants ! Ça va ?
Patrick	Bof… Ouais, ça peut aller.
Mme Lambert	Qu'est-ce qu'il y a ? Tu n'as pas l'air en forme ! Tu ne vas pas bien ?
Patrick	Si, si, ça va…
Chris	Patrick a le moral à zéro, c'est ça qui va pas. La vie en banlieue, c'est pas assez bien pour Monsieur.
Patrick	Et tu trouves ça drôle, toi, ici ? On a perdu tous nos copains, on habite dans des blocs en béton, y a pas un arbre dans tout le quartier…
Mme Lambert	Je suis d'accord avec toi, Patrick ; en ce moment, la vie est un peu difficile, pour nous ; mais il faut essayer de l'accepter.
Chris	De toute façon, t'as pas le choix.
Mme Lambert	Ton père a choisi de venir travailler ici, et je crois qu'il a bien fait.
Patrick	Ça, c'est pas sûr
	…

À VOUS DE CONTINUER …

II La phrase – L'intonation

38. *Le Secret* – poème d'Andrée Chedid

Lernziele
- Kompetenzschulung bei Fragen, Antworten und Ausrufen
- Kompetenzschulung beim Sprechen: Sprachflüssigkeit und Intonation
- Freude und Motivation beim Vortragen

Material
KV 31

Verlauf
Den Spielern wird erklärt, dass sich das Gedicht auf einen Aufzählreim und ein sehr bekanntes Kinderspiel bezieht. Dieses stammt aus der Epoche von Ludwig dem XIV. und heißt "*le furet*". Andrée Chedid ersetzt den Namen *furet* durch *secret*!
Die Spieler sitzen im Kreis zusammen und lassen einen Gegenstand (= le secret) schnell durchgehen. Ein Spieler begibt sich in die Mitte und soll erraten, wer es hat. Die anderen singen. Suchen Sie im Internet nach *il court, il court le furet*.

Il court, il court le furet…
Il est passé par ici,
Il repassera par là
Qui est-ce qui l'a ?

Da das Gedicht keinerlei linguistische Verständnisschwierigkeiten darstellt, empfiehlt sich ein leises Lesen des Gedichts und anschließend eine mündliche Zusammenfassung.
Dann wird in Gruppen die Lesekompetenz geübt. Die Gruppen teilen sich auf.
Z. B. Ein oder mehrere Spieler stellen sich Fragen, lesen die Ausrufe oder sagen den Refrain auf.
Am Ende sollen mehrere Gruppen das Gedicht laut im Plenum vorlesen. Es kann auch ein Videoclip gedreht werden.

Consignes
Lisez ce poème silencieusement. Ensuite, mettez-vous d'accord pour vous partager la lecture du texte.
Par exemple : un ou plusieurs joueurs posent les questions, un ou plusieurs joueurs lisent les exclamations, un ou plusieurs récitent le refrain.
Le groupe qui fera la meilleure lecture de ce poème sera filmé !

Aufnahmen

Die Audios sind online: bitte den Zugangscode **ds9g3ea** in das Suchfeld auf *www.klett-sprachen.de* eingeben.

> *Le Secret*
>
> D'où viennent-ils ?
> Où vont-ils ?
> Tous ces humains que cherchent-ils ?
> Il court, il court le Secret !
> Et les hommes lui courent après !
> Il est passé par ici,
> Il repassera par là.
>
> C'est comment, c'est quoi la vie ?
> Bien malin qui le dira !
> Elle est passée par ici,
> Elle repassera par là.
> Il court, il court le Secret !
> Et les hommes lui courent après !
>
> Andrée Chedid, "Le Secret", *Fêtes et Lubies* © Flammarion, 1972, 1996

Le Secret – Poème d'Andrée Chedid

> **Andrée Chedid**
> est née en Égypte de parents libanais. Elle s'installe en France en 1946, adopte la nationalité française et choisit d'écrire en français. Elle est l'auteure de nombreux romans, récits, pièces de théâtre, recueil de poésies et de contes pour enfants.
> Elle est morte à Paris en 2011.

Lisez ce poème silencieusement. Ensuite, mettez-vous d'accord pour vous partager la lecture du texte.
Par exemple :
- ✓ *un ou plusieurs joueurs posent les questions*
- ✓ *un ou plusieurs joueurs lisent les exclamations*
- ✓ *un ou plusieurs récitent le refrain.*

Le groupe qui fera la meilleure lecture de ce poème sera filmé !

Le Secret d'Andrée Chedid

D'où viennent-ils ?
Où vont-ils ?
Tous ces humains que cherchent-ils ?

Il court, il court le Secret !
Et les hommes lui courent après !

Il est passé par ici,
Il repassera par là.

C'est comment, c'est quoi la vie ?
Bien malin qui le dira !

Elle est passée par ici,
Elle repassera par là.

Il court, il court le Secret !
Et les hommes lui courent après !

Andrée Chedid, "Le Secret", *Fêtes et Lubies* © Flammarion, 1972, 1996

39. Imaginez…

Lernziele
- Intonation, Ausruf
- Ausdrucksfähigkeit

A1 A2

Material
–

Verlauf
Es wird zunächst genügend Platz zum Umhergehen im Klassenzimmer geschaffen. Die Lernenden, die in der Klasse umhergehen, sollen nachahmen, was von ihnen verlangt wird.
Zunächst stellen sich alle Lernenden hin und schließen die Augen. Sie sollen zuhören und den Anweisungen folgen. Zwischen jeder nachzuahmenden Situation sind 10 Sekunden Pause.

Consignes
Levez-vous et fermez les yeux.
Respirez profondément…
Soufflez…
Respirez doucement…
Soufflez…
Encore une fois… (attendre 10 secondes)
Maintenant, ouvrez les yeux et commencez à marcher lentement… (10 secondes)

Aufnahmen

Die Audios sind online: bitte den Zugangscode **ds9g3ea** in das Suchfeld auf *www.klett-sprachen.de* eingeben.

> *Marchez et imaginez que…*
> 1. *vous êtes très fatigués…*
>   *Répétez après moi : « Je suis très fatigué / e ! »*
> 2. *Imaginez que vous portez un paquet très lourd…*
>   *« Oh ! C'est lourd ! »*
> 3. *Imaginez que vous recevez une bonne nouvelle…*
>   *« Ah ! Ça, c'est une bonne surprise ! »*
> 4. *Imaginez qu'on a volé votre portable…*
>   *« Oh ! On a volé mon portable ! »*
> 5. *Imaginez que vous avez mal aux pieds…*
>   *« Aïe, aïe, aïe, j'ai mal aux pieds ! »*
> 6. *Imaginez que vous marchez dans l'eau…*
>   *« Ouf ! Ça va mieux ! »*
> 7. *Imaginez que vous êtes un champion ou une championne…*
>   *« C'est moi le champion… C'est moi la championne… Regardez-moi ! »*
> 8. *Imaginez que vous mangez une glace…*
>   *« Hum ! C'est délicieux ! »*

40. La phrase préférée

Lernziele
- Emotionen ausdrücken, Intonation

A1

Material
–

Verlauf
Es wird ein Satz der Lektion ausgesucht. Dieser wird ein oder zweimal von den Lernenden wiederholt. Dann wiederholt ihn jeder auf verschiedene Art und Weise gemäß den vorgeschlagenen Vorgaben aus der u. g. Tabelle.
Es wird dann mit dem Lieblingssatz eines anderen Spielers fortgefahren.

Consignes
Quelle est votre phrase préférée de la leçon ?
Lisez-la.
Répétez cette phrase en imaginant que

- *c'est une bonne nouvelle…*
- *vous avez peur…*
- *vous avez envie de dormir…*
- *vous avez mal à la gorge…*
- *votre voisin / e est sourd / e…*
- *vous avez très froid…*
- *vous avez très chaud…*

II La phrase – L'expressivité, les sentiments

41. Zut alors !

A1　A2　B1

Lernziele
- Sich durch Intonation ausdrücken

Material
KV 32

Verlauf
Es wird in kleinen Gruppen mit ca. 4 Personen gespielt. Die Schüler sollen eruieren, welcher Ausdruck oder welche Ausdrücke zu welcher Situation passt/passen.

Consignes
Vous allez entendre des expressions.
Dites quelle expression correspond à quelle situation.
Il peut y avoir plusieurs réponses !

Aufnahmen

Die Audios sind online: bitte den Zugangscode **ds9g3ea** in das Suchfeld auf *www.klett-sprachen.de* eingeben.

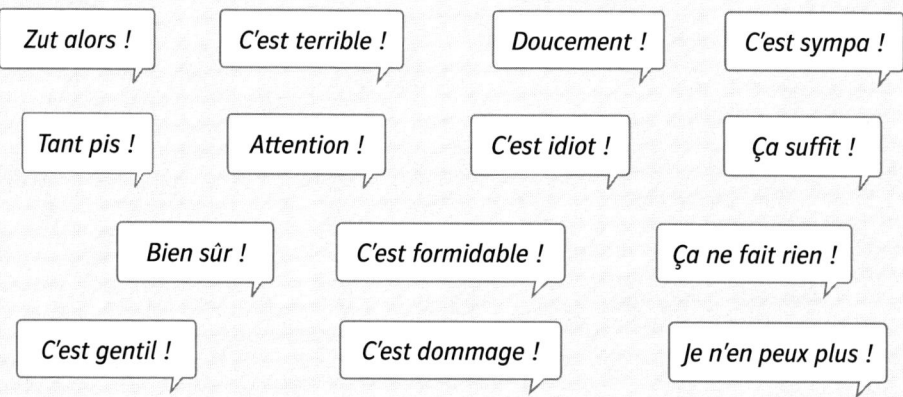

Zut alors !　C'est terrible !　Doucement !　C'est sympa !

Tant pis !　Attention !　C'est idiot !　Ça suffit !

Bien sûr !　C'est formidable !　Ça ne fait rien !

C'est gentil !　C'est dommage !　Je n'en peux plus !

Solutions
1. Le concert en plein air est annulé à cause de la pluie !   Zut alors !
2. Tu es invité/e à passer à la télévision !   C'est formidable !
3. Tu as oublié ton sac à dos au vestiaire.   Ça ne fait rien !
4. Ton chat n'est pas rentré depuis 3 jours.   C'est terrible !
5. Une voiture arrive très vite.   Doucement !
6. Tu as raté le bus mais tu n'es pas pressé/e.   Tant pis !
7. On t'offre un livre.   C'est gentil ! / C'est sympa !
8. Tu répètes pour la quatrième fois la même chose à ton petit frère !   Ça suffit ! / Je n'en peux plus !
9. Ton ordinateur ne marche plus !   C'est idiot !
10. Ton ami/e est parti/e sans t'attendre !   C'est dommage !
11. Est-ce que tu vas en boîte, samedi ?   Bien sûr !
12. Tu as dans les mains un verre plein d'eau !   Attention !

Zut alors !

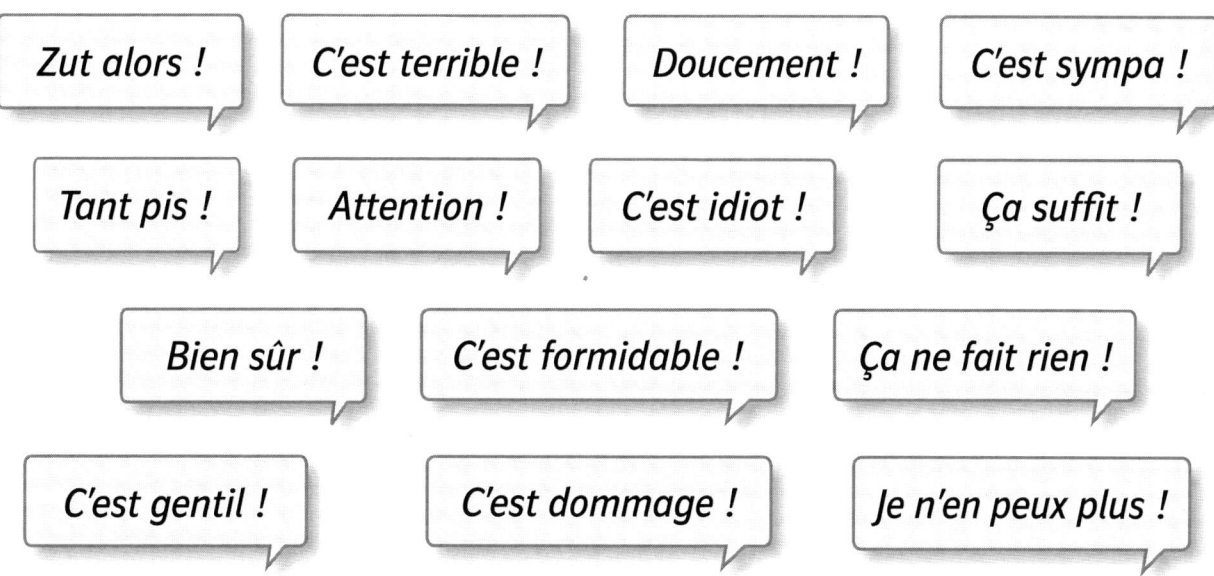

Dans les situations suivantes, que dites-vous ? Et comment le dites-vous ?

1. Le concert en plein air est annulé à cause de la pluie !
2. Tu es invité/e à passer à la télévision !
3. Tu as oublié ton sac à dos au vestiaire.
4. Ton chat n'est pas rentré depuis 3 jours.
5. Une voiture arrive très vite.
6. Tu as raté le bus mais tu n'es pas pressé/e.
7. On t'offre un livre.
8. Tu répètes pour la quatrième fois la même chose à ton petit frère !
9. Ton ordinateur ne marche plus !
10. Ton ami/e est parti/e sans t'attendre !
11. Est-ce que tu vas en boîte, samedi ?
12. Tu as dans les mains un verre plein d'eau !

42. Le ton et l'interprétation

A1 A2 B1

Lernziele
- Bewusstseinsschulung, dass durch Intonation ein und derselbe Satz verschiedene Bedeutungen haben kann

Material
KV 33

Verlauf
Es werden Ausrufe bereitgestellt, die, losgelöst vom Kontext, auf verschiedene Art und Weise interpretiert werden können. Z. B. *c'est une surprise ! Est-ce une bonne ou une mauvaise surprise ?* In PA werden kurze Begriffe in die Dialoge eingefügt. Dann werden sie in verschiedenem Tonfall vorgespielt. Der jeweilige Ton macht den Unterschied aus. Die anderen müssen die Intonation der Spieler erraten.

Exemple : – C'est qui ?
* *C'est moi !*
– Ah, ça alors c'est une surprise ! (Mettre le ton qui convient.)

Consignes
À partir d'une de ces exclamations, écrivez un dialogue très court.
Exemple : – C'est qui ?
– C'est moi !
– Ah, ça alors c'est une surprise ! (Mettre le ton qui convient.)
Jouez votre situation devant le groupe en y mettant le ton.
Les autres devinent l'alternative choisie.
Attention, suivant le ton que vous y mettez, ces exclamations ont des sens différents.

Die Audios sind online: bitte den Zugangscode **ds9g3ea** in das Suchfeld auf *www.klett-sprachen.de* eingeben.

Aufnahmen

1. (bonne surprise / mauvaise surprise)
– Ah, ça alors, c'est une surprise ! Je suis vraiment heureux pour toi ! C'est formidable !
– Ah, ça alors, c'est une surprise ! Mais, ne t'inquiète pas, on va essayer d'arranger cela !

2. (enthousiasme / ironie)
– C'est formidable ! Tu vois, tout marche bien !
– C'est formidable ! Tant pis ! Il faut tout recommencer…

3. (colère / tristesse)
– C'est idiot ! Moi, je n'accepte pas cela ! Je vais faire une réclamation !
– C'est idiot ! Je ne savais pas, sinon…

4. (surprise / déception)
– Tiens, c'est bizarre ! C'est vraiment une surprise pour moi !
– Tiens, c'est bizarre ! Je ne pensais pas…

5. (peur / secrètement)
– Attention ! Tu vas tomber !
– Attention, ne le répète pas !

6. (typique d'une région / avec ironie)
– C'est typique de la région.
– Il y a des problèmes ! C'est typique !

7. (avec horreur / avec ironie)
– C'est terrible ! Il y a eu un accident !
– Tu as encore oublié ! C'est vraiment terrible…

8. (sur un ton amusant / avec ironie)
– C'est très drôle, ce film ! J'ai beaucoup ri !
– Tu es encore en retard ! C'est très drôle…

Le ton et l'interprétation

Exclamations	✓ Intonation
1. – Ah, ça alors, c'est une surprise !	✓ C'est une bonne surprise. ✓ C'est une mauvaise surprise.
2. – C'est formidable !	✓ avec enthousiasme ✓ avec ironie
3. – C'est idiot !	✓ avec colère ✓ avec tristesse
4. – Tiens, c'est bizarre !	✓ avec surprise ✓ avec déception
5. – Attention !	✓ avec peur ✓ C'est secret…
6. – C'est typique !	✓ typique d'une région ✓ avec ironie
7. – C'est terrible !	✓ avec horreur ✓ avec ironie
8. – C'est très drôle !	✓ C'est amusant ✓ avec ironie

43. *Chanson de l'oiseleur* de Jacques Prévert

A2   B1

Lernziele
- Satzmelodie, Gruppenarbeiten mit Wörtern
- Gefühle durch Intonation ausdrücken
- Emotionen teilen

Material
KV 34

Verlauf
Zunächst wird über den Inhalt des Liedes reflektiert und Fragen werden gestellt: *À quoi est comparé le cœur de la jeune fille ? Qu'est-ce qu'il y a de commun entre un cœur et un oiseau ? D'après vous qui est* der Vogelfänger *? Quelle histoire l'oiseleur raconte-t-il ?*
Dann sollen die Spieler das Lesen des Liedes üben. Sie sollen gleichzeitig ihre Emotionen ausdrücken und teilen. Sie können individuell oder in Gruppen entscheiden, wie sie das Lied interpretieren. Es kann auch gefilmt werden.

Consignes
Entraînez-vous à lire cette chanson en essayant de faire partager vos émotions. Vous pouvez, à votre choix, l'interpréter individuellement ou en groupes et pourquoi pas vous filmer.

Aufnahmen

Die Audios sind online: bitte den Zugangscode **ds9g3ea** in das Suchfeld auf *www.klett-sprachen.de* eingeben.

♫♫♫♫♫   ***Chanson de l'oiseleur*** de Jacques Prévert   ♫♫♫♫♫

L'oiseau qui vole si doucement
L'oiseau rouge et tiède comme le sang
L'oiseau si tendre l'oiseau moqueur
L'oiseau qui soudain prend peur
L'oiseau qui soudain se cogne*
L'oiseau qui voudrait s'enfuir
L'oiseau seul et affolé
L'oiseau qui voudrait vivre
L'oiseau qui voudrait chanter
L'oiseau qui voudrait crier
L'oiseau rouge et tiède comme le sang
L'oiseau qui vole si doucement
C'est ton cœur jolie enfant
Ton cœur qui bat de l'aile si tristement
Contre ton sein si dur si blanc.

Jacques Prévert, Histoires et d'autres histoires, © Éditons Gallimard

*gegen etw stoßen

Chanson de l'oiseleur de Jacques Prévert

Entraînez-vous à lire cette chanson en essayant de faire partager vos émotions.
Vous pouvez, à votre choix, l'interpréter individuellement ou en groupes et pourquoi pas de vous filmer.

Chanson de l'oiseleur de Jacques Prévert

L'oiseau qui vole si doucement
L'oiseau rouge et tiède comme le sang
L'oiseau si tendre l'oiseau moqueur
L'oiseau qui soudain prend peur
L'oiseau qui soudain se cogne*
L'oiseau qui voudrait s'enfuir
L'oiseau seul et affolé
L'oiseau qui voudrait vivre
L'oiseau qui voudrait chanter
L'oiseau qui voudrait crier
L'oiseau rouge et tiède comme le sang
L'oiseau qui vole si doucement
C'est ton cœur jolie enfant
Ton cœur qui bat de l'aile si tristement
Contre ton sein si dur si blanc.

Jacques Prévert, *Histoires et d'autres histoires*, © Éditons Gallimard

* gegen etw stossen

II La phrase – L'expressivité, les sentiments

44. Circulez dans la classe : J'adoooore… et je détesssste… et toi ?

A1

Lernziele
- Vorlieben und Geschmäcker durch Intonation ausdrücken

Material
–

Verlauf
Jeder Spieler wählt 2 Dinge aus, die er gerne essen mag und zwei, die er nicht gerne mag.
Die Spieler gehen im Klassenzimmer umher. Sie suchen nach einem Partner mit denselben Vorlieben. Die Spieler machen Mimiken und achten auf die Intonation.

Consignes
*Pensez à 2 choses que vous adorez manger et à 2 choses que vous détestez.
Circulez dans la classe et cherchez quelqu'un qui a les mêmes goûts que vous.
Montrez que vous adorez ou détestez la chose en faisant des mimiques et en insistant sur l'intonation.*

Exemple : *J'adooooore les frites. Hum ! Et toi ?*
Je détesssste les carottes ! Et toi ?

Aufnahmen

Die Audios sind online: bitte den Zugangscode **ds9g3ea** in das Suchfeld auf *www.klett-sprachen.de* eingeben.

J'adoooore les frites. Hum ! Et toi ?

J'adore le chocolat !
J'adore les pizzas !
J'adore les saucisses !
Je déteste les carottes ! Et toi ?
Je déteste les betteraves !

Moi aussi, j'adoooore les frites !
Moi, je détesssste les frites !

Bildquellennachweis

12.1 Dreamstime.com (Iamnee), Brentwood, TN; **12.2** Dreamstime.com (Evaletova), Brentwood, TN; **12.3** Dreamstime.com (Chiyacat), Brentwood, TN; **12.4** Dreamstime.com (Dietmar Höpfl), Brentwood, TN; **12.5** Dreamstime.com (Rui Matos), Brentwood, TN; **12.6** Dreamstime.com (Zsooofija), Brentwood, TN; **13.1** Dreamstime.com (Thomas Amby Johansen), Brentwood, TN; **13.2** Dreamstime.com (Anna Dudek), Brentwood, TN; **13.3** Dreamstime.com (Scionxy), Brentwood, TN; **13.4** Dreamstime.com (Elifeceseven), Brentwood, TN; **15.1** Dreamstime.com (Maxim Garagulin), Brentwood, TN; **15.2** Dreamstime.com (Charon), Brentwood, TN; **15.3** Dreamstime.com (Cobalt88), Brentwood, TN; **15.4** Dreamstime.com (Magomed Magomedagaev), Brentwood, TN; **15.5** Dreamstime.com (Roman Dekan), Brentwood, TN; **15.6** Fotolia.com (treenabeena), New York; **15.7** Dreamstime.com (Kadettmann), Brentwood, TN; **15.8** Fotolia.com (Jérôme Rommé), New York; **15.9** Dreamstime.com (Tupungato), Brentwood, TN; **15.10** Fotolia.com (dunadicarta), New York; **15.11** Dreamstime.com (Richard Thomas), Brentwood, TN; **15.12** Dreamstime.com (Maxim Garagulin), Brentwood, TN; **15.13** Dreamstime.com (Tribalium), Brentwood, TN; **15.14** Dreamstime.com (Hareluya), Brentwood, TN; **15.15** Dreamstime.com (Michal Bednarek), Brentwood, TN; **16.1** Dreamstime.com (Photo25th), Brentwood, TN; **16.2** Dreamstime.com (Kuzma), Brentwood, TN; **16.3** Dreamstime.com (Iqoncept), Brentwood, TN; **16.4** Dreamstime.com (Christian Mueringer), Brentwood, TN; **16.5** Dreamstime.com (Alesse), Brentwood, TN; **16.6** Dreamstime.com (Oleksandr Kovernik), Brentwood, TN; **16.7** iStockphoto (raclro), Calgary, Alberta; **16.8** Fotolia.com (Brad Pict), New York; **16.9** Dreamstime.com (Andres Rodriguez), Brentwood, TN; **16.10** Fotolia.com (ottoroom), New York; **16.11** Dreamstime.com (Oleksandr Melnyk), Brentwood, TN; **16.12** Dreamstime.com (Tomboy2290), Brentwood, TN; **19.1** Dreamstime.com (Buriy), Brentwood, TN; **19.2** Dreamstime.com (Casejustin), Brentwood, TN; **19.3** Dreamstime.com (Nia), Brentwood, TN; **19.4** Dreamstime.com (Vectomart), Brentwood, TN; **19.5** Dreamstime.com (Jacquespalut), Brentwood, TN; **19.6** Dreamstime.com (Karl12), Brentwood, TN; **19.7** Dreamstime.com (Pixattitude), Brentwood, TN; **21.1** Dreamstime.com (O. S), Brentwood, TN; **21.2** Fotolia.com (DURIS Guillaume), New York; **23.1** Dreamstime.com (Kydriashka), Brentwood, TN; **23.2** Dreamstime.com (Lhfgraphics), Brentwood, TN; **23.3** Dreamstime.com (Robodread), Brentwood, TN; **23.4** Dreamstime.com (Imre Forgo), Brentwood, TN; **23.5** Dreamstime.com (Alexyndr), Brentwood, TN; **23.6** Dreamstime.com (Oleksandr Melnyk), Brentwood, TN; **23.7** Dreamstime.com (Roman Dekan), Brentwood, TN; **23.8** Dreamstime.com (Egor Fantasov), Brentwood, TN; **23.9** Dreamstime.com (Silberschuh9875), Brentwood, TN; **23.10** Fotolia.com (bofotolux), New York; **23.11** Dreamstime.com (Dedmazay), Brentwood, TN; **25** Dreamstime.com (Maxborovkov), Brentwood, TN; **31** Dreamstime.com (Kharlamova), Brentwood, TN; **33.1** Dreamstime.com (Iryna Dobrovyns'ka), Brentwood, TN; **33.2** Dreamstime.com (Upimages), Brentwood, TN; **33.3** Dreamstime.com (Lavitreiu), Brentwood, TN; **33.4** Dreamstime.com (Oblachko), Brentwood, TN; **33.5** Dreamstime.com (Dietmar Höpfl), Brentwood, TN; **33.6** Dreamstime.com (Reticent), Brentwood, TN; **33.7** Dreamstime.com (Augusto Cabral), Brentwood, TN; **33.8** Dreamstime.com (Norbert Buchholz), Brentwood, TN; **33.9** Dreamstime.com (Jana Jurková), Brentwood, TN; **33.10** Dreamstime.com (N.l), Brentwood, TN; **33.11** Fotolia.com (JoeyBear), New York; **33.12** Dreamstime.com (Miguel angel Salinas salinas), Brentwood, TN; **33.13** Wikimedia Commons (Studio Harcourt); **33.14** Fotolia.com (Annika Gandelheid), New York; **34.1** Dreamstime.com (Vectorlart), Brentwood, TN; **34.2** Dreamstime.com (Oleksandr Kovernik), Brentwood, TN; **34.3** Fotolia.com (corund), New York; **34.4** Dreamstime.com (Macrovector), Brentwood, TN; **34.5** Dreamstime.com (Igor Zakowski), Brentwood, TN; **34.6** Dreamstime.com (Ekaterina Gorelova), Brentwood, TN; **34.7** Dreamstime.com (Bruder), Brentwood, TN; **34.8** Dreamstime.com (Victoria Vasilyeva), Brentwood, TN; **34.9** Dreamstime.com (Milla74), Brentwood, TN; **34.10** Dreamstime.com (Patrimonio Designs Limited), Brentwood, TN; **34.11** Thinkstock (Moriz89), München; **37.1** Thinkstock (Roman_Ox), München; **37.2** Fotolia.com (metsafile), New York; **37.3** Fotolia.com (Maria Zaynullina), New York; **37.4** Fotolia.com (He2), New York; **37.5** Wikimedia Commons (Tangopaso); **37.6** Fotolia.com (nuriagdb), New York; **37.7** Fotolia.com (Peter Hermes Furian), New York; **37.8** Fotolia.com (blumer1979), New York; **37.9** Fotolia.com (ottoroom), New York; **37.10** Fotolia.com (Kudryashka), New York; **37.11** Fotolia.com (vostal), New York; **37.12** Fotolia.com (alain wacquier), New York; **37.13** Fotolia.com (ld1976), New York; **37.14** Fotolia.com (M.studio), New York; **37.15** Fotolia.com (DigitalGenetics), New York; **37.16** Fotolia.com (lecostaloca), New York; **37.17** Fotolia.com (raven), New York; **37.18** Fotolia.com (Verzh), New York; **37.19** Dreamstime.com (Dedmazay), Brentwood, TN; **37.20** Fotolia.com (milovelen), New York; **37.21** Fotolia.com (Sashkin), New York; **37.22** Dreamstime.com (Igor Shootov), Brentwood, TN; **37.23** Fotolia.com (naddya), New York; **37.24** Fotolia.com (Visual Concepts), New York; **37.25** Fotolia.com (hultimus), New York; **37.26** Fotolia.com (ekostsov), New York; **37.27** Fotolia.com (John Takai), New York; **37.28** Fotolia.com (Marco Mayer), New York; **37.29** Fotolia.com (cecile02), New York; **37.30** Fotolia.com (raven), New York; **37.31** Fotolia.com (murphy81), New York; **37.32** Fotolia.com (guukaa), New York; **37.33** Fotolia.com (kotoyamagami), New York; **37.34** Fotolia.com (Nataliya Yakovleva), New York; **37.35** Fotolia.com (NLshop), New York; **41** Fotolia.com (vektorisiert), New York; **47.1** Wikimedia Commons (M. F. B.); **47.2** Fotolia.com (J BOY), New York; **49** Fotolia.com (MR), New York; **49** Fotolia.com (sapannpix), New York; **51.1** Fotolia.com (JWMD), New York; **51.2** Fotolia.com (rhg), New York; **51.3** stock.adobe.com (abeadev), Dublin; **51.4** Fotolia.com (picsy), New York; **51.5** Fotolia.com (amadorgs), New York; **51.6** Fotolia.com (casaltamoiola), New York; **53.1** Fotolia.com (virinaflora), New York; **53.2** Fotolia.com (Merggy), New York; **55.1** Fotolia.com (virinaflora), New York; **55.2** Fotolia.com (Seamartini Graphics), New York; **55.3** Fotolia.com (kuackerz), New York; **55.4** Fotolia.com (madpixblue), New York; **55.5** Fotolia.com (radoma), New York; **56** Fotolia.com (Perysty), New York; **57.1** Fotolia.com (vostal), New York; **57.2** Fotolia.com (Olha Vietrova), New York; **57.3** Fotolia.com (Ralph Klein), New York; **57.4** Fotolia.com (Fiedels), New York; **57.5** Fotolia.com (Creating Images), New York; **57.6** Fotolia.com (Dreaming Andy), New York; **57.7** Fotolia.com (Jocky), New York; **57.8** Fotolia.com (scusi), New York; **57.9** Fotolia.com (by-studio), New York; **57.10** Fotolia.com (blobbotronic), New York; **57.11** Fotolia.com (blobbotronic), New York; **57.12** Fotolia.com (moremari), New York; **57.13** Fotolia.com (pico), New York; **57.14** Fotolia.com (ag visuell), New York; **61.1** Fotolia.com (Hans-Jürgen Krahl), New York; **61.2** Fotolia.com (Rudie), New York; **61.3** Fotolia.com (krissikunterbunt), New York; **61.4** Fotolia.com (jro-grafik), New York; **71** Fotolia.com (Jérôme Rommé), New York; **75.1** Fotolia.com (Erica Guilane-Nachez), New York; **75.2** Fotolia.com (kiono), New York; **75.3** Fotolia.com (J.M.), New York; **75.4** Fotolia.com (RATOCA), New York; **77.1** Fotolia.com (Pétrouche), New York; **77.2** Fotolia.com (jokatoons), New York; **77.3** Fotolia.com (jokatoons), New York; **77.4** Fotolia.com (leremy), New York; **77.5** Fotolia.com (pinkyjosef), New York; **77.6** Fotolia.com (pict rider), New York; **77.7** Fotolia.com (Gunnar Assmy), New York; **77.8** Fotolia.com (Matthew Cole), New York; **77.9** Fotolia.com (DURIS Guillaume), New York; **77.10** Fotolia.com (paul974), New York; **77.11** Fotolia.com (M.studio), New York; **77.12** Fotolia.com (M.studio), New York; **77.13** Fotolia.com (NLshop), New York; **77.14** Fotolia.com (NLshop), New York; **77.15** Fotolia.com (Wild Orchid), New York; **77.16** Fotolia.com (Wild Orchid), New York; **77.17** Fotolia.com (DURIS Guillaume), New York; **77.18** Fotolia.com (nazlisart), New York; **77.19** Fotolia.com (caraman), New York; **77.20** Fotolia.com (Christine Wulf), New York; **77.21** Fotolia.com (Li-Bro), New York; **81.1** Fotolia.com (aleutie), New York; **81.2** Fotolia.com (NLshop), New York; **81.3** Fotolia.com (ULoose), New York; **81.4** Fotolia.com (Bertold Werkmann), New York; **81.5** Fotolia.com (Elisanth), New York; **Cover.1** Shutterstock (Vectomart), New York; **Cover.2** Shutterstock (moonkin), New York; **Cover.3** Shutterstock (i3alda), New York; **Cover.4** Shutterstock (Malchev), New York; **Cover.5** Shutterstock (grmarc), New York; **Cover.6** Shutterstock (Anthonycz), New York